汉英语言文化对比与翻译研究

申飞宇 著

NORTHEAST NORMAL UNIVERSITY PRESS
WWW.NENUP.COM

东北师范大学出版社

图书在版编目（CIP）数据

汉英语言文化对比与翻译研究 / 申飞宇著． -- 长春：
东北师范大学出版社， 2022.11
ISBN 978-7-5681-9751-9

Ⅰ．①汉… Ⅱ．①申… Ⅲ．①汉语－文化语言学－对
比研究－英语 ②英语－翻译－研究 Ⅳ．① H1-05
② H31-05 ③ H315.9

中国版本图书馆 CIP 数据核字（2022）第 207698 号

□ 责任编辑：贾秀艳　　□ 封面设计：优盛文化
□ 责任校对：刘兆辉　　□ 责任印制：许　冰

东北师范大学出版社出版发行
长春市净月经济开发区金宝街 118 号（邮政编码：130117）
销售热线：0431-84568036
网址：http://www.nenup.com
东北师范大学音像出版社制版
定州启航印刷有限公司印装
河北省定州市西城区大奇连工业园
2023 年 3 月第 1 版　　2023 年 3 月第 1 次印刷
幅画尺寸：170mm×240mm　印张：13.75　字数：210 千

定价：88.00 元

前　言

INTRODUCTION

在全球经济一体化和文化多元化的时代背景下，不同国家和民族之间的跨文化交际活动越来越频繁。在这一过程中，中国与其他国家和民族在政治、经济、文化、外交等领域的交流与合作也随处可见。文化的输出、引进与碰撞在这些跨文化交际活动中必不可少，而翻译作为文化交流的媒介，其研究的重心也由原来的注重语言方面的对比和翻译转变为更加注重文化方面的对比与翻译。之所以出现这种转变，其主要原因在于语言与文化、翻译与文化之间存在着紧密联系。就语言与文化的关系而言，语言不仅是文化重要、常见的载体，还是文化的风向标，在一定程度上引导着文化发展的趋势；翻译与文化的关系则主要体现在两个方面，一是翻译活动能促进文化的交流与融合，二是文化的两面性和三个重要因素影响着翻译活动的进行。

基于以上原因，文化翻译观在众多翻译思想理论中脱颖而出，受到了中外学者的关注和重视。其中，在中国具有代表性的三大文化翻译观分别是严复、鲁迅和林语堂提出的文化翻译观，而在西方国家，早就有学者提出了"翻译文化转向"理论，代表人物有佐哈尔、图里等。他们的观点对汉语和英语这两种语言的对比和翻译实践具有非常重要的指导意义。

本书以文化翻译的相关理论为指导，以汉语和英语中的语言文化为研究对象，共分为七章。第一章作为开篇，首先介绍了语言、文化、翻译的一些基本知识，然后分析了语言与文化的关系以及翻译与文化的关系，从而为随后章节的展开打下良好基础；第二章详细介绍了文化翻译的相关概念，并探讨了中西方不同的翻译观，最后阐述了文化翻译的重

1

要原则与常用策略；第三章在以上认知和理论的指导下具体分析汉英两种语言的基本差异，并通过对比这两种语言在词汇、句法和语篇方面的异同，介绍了具体的翻译方法；第四章在第三章的基础上对汉英两种语言文化的差异进行了深入研究，主要研究范围包括汉英两种语言文化中的修辞文化、习语文化和委婉语文化，并介绍了相关翻译策略；第五章和第六章分别从汉英物质文化对比和民俗文化对比的角度出发，探讨了具体的语言翻译方法和注意事项；第七章从汉英翻译的实践应用入手，分别介绍了汉英语言在文学作品、广告文体和影视字幕中的跨文化翻译方法。

　　本书在阐释和论述的过程中力求语言表达简洁，行文通顺合理。但由于笔者能力有限，书中难免存在不足之处，恳请广大读者批评指正。

目　录

CONTENTS

第一章 语言、文化与翻译

翻译不仅是一种语言活动，涉及不同语言之间的转换，还是一种文化交际活动，涉及不同文化之间的交流。不同国家和民族之间的文化差异导致其在沟通过程中不能完全理解对方传递的信息，从而降低了沟通效率，给双方对话带来了困扰。因此，对不同国家、民族之间的语言和文化进行对比分析，不仅有利于翻译工作的顺利开展，还有助于世界范围内国家之间的对话与合作。本章作为开篇，首先介绍了语言、文化、翻译的基本认知，其次分析了语言与文化的关系以及翻译与文化的关系，从而为随后章节的展开打下良好基础。

第一节 语言的基本认知

一、语言的定义

（一）语言是符号系统

1. 符号

在人类和其他生物共同存在的世界里，随处可见符号的踪迹。例如，马路上的红绿灯符号提醒人们遵守出行规则，医院内禁止吸烟的符号提醒人们注意身体健康和环境维护，自然界中一些动物会通过气味符号划分领地或寻找食物，等等。可以说，人们的生活充满了符号，时刻离不开符号。通常情况下，符号可分为两大类，即人类创造的符号和自然界创造的符号。其中，人类创造的符号又可进一步分为语言符号和非语言符号，语言符号包括语音符号、语调符号、文字符号等，非语言符号包括音乐符号、建筑符号、行为符号、影视符号等。① 根据以上分析可知，符号学涵盖了人类当前学术领域几乎所有的学科门类，尤其是人文学科，符号学为跨学科的交流与研究创造了条件、提供了载体。著名语言学家索绪尔就曾在他的著作《普通语言学教程》中论证了符号学的重要性，并强调语言的本质就是符号，语言学属于符号学的分支，这是阐述符号学和语言学关系的一种观点。还有一种观点认为符号学与语言学毫不相干。这两种观点各有一批支持者，他们各持己见，都认为自己的观点是正确的。

笔者认为，符号学作为一个跨学科的研究工具，在一定程度上包括了语言学的研究内容，它赋予了语言学新的研究方法，但语言学并不完全属于符号学，语言学自身有些特点是符号学理论无法解释的。尽管如此，语言还是人类创造的众多符号系统中的一个典型代表，也是人类使用频率较高的符号，因此我们需要以符号学的研究为背景展开对语言的跨学科研究，从而为语言学的发展开辟新的道路。

2. 符号系统

所谓系统，就是指由性质相同或相似的事物按照一定顺序和内部联系组成的整体，如自然界的生态系统、环境系统和人体的消化系统等。符号在特定的系统中才能表示特定的含义，如果我们把它放在其他符号系统中，它就可能失去原有的含义，或者被赋予新的含义。例如，在地图上，人们一般用绿色表示森林，红色表示海拔特别高的地区；但绿色、红色在交通信号灯系统中分别表示可以通行和禁止通行。符号系统涵盖的范围非常广泛，可以划分为以下几大类别，如图1-1所示。

---

① 刘传启. 语言学概论 [M]. 北京：北京希望电子出版社，2016：30.

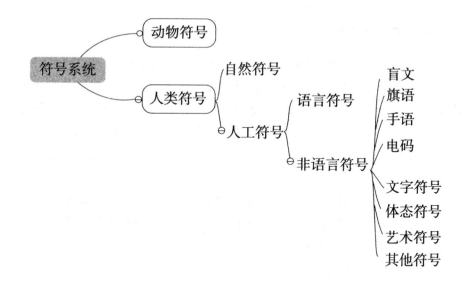

图1-1　符号系统的类型

　　与此同时，符号系统还具有较强的主观性特征。这主要是因为符号系统是依靠编码组织起来的。人们根据一定的规则把符号的能指和所指结合起来，体现符号的符指过程，符号使用者在此过程中承认符号能指和所指的关系并在使用中遵循这种关系，这就构成了一个符号系统。不同的符号系统有不同的组成规则，因此相同的符号在不同的符号系统中含义不同。

　　具体分析符号的能指系统和所指系统，就可以看出它们的区别。符号的能指系统就是符号的形式系统，它包括符号的形状、读音等；符号的所指系统就是符号的意义系统，它是能指系统的对象。"意义"两字看似简单，但却不是一个简单的概念，尤其在语言符号系统中，意义系统所涵盖的内容较为复杂。

　　来自不同符号系统的符号之间的转换需要通过翻译或者释义来实现。符号学中的翻译，不单指语言符号之间的转换，还指任意两个符号系统之间的转换。例如，可以把猫咪的叫声翻译成人类语言，可以将语言符号系统转换为盲文符号系统。符号系统之间的转换和翻译要求翻译者必须熟悉原符号系统和目标符号系统，并考虑它们之间的文化差异，同时使用翻译技巧。

3. 语言的符号性

语言系统是人类特有的符号系统，语言是传递人们思想信息的符号形式，通常由言语和文字组成。言语的表现形式是声音，文字的表现形式是图形，它们分别对人们的听觉系统和视觉系统产生刺激。语言作为外在表现形式和内在含义的统一体，自身就是音、形、义相结合的产物。语言是符号系统中重要的符号形式，是人类存储、传递和加工信息的基本工具。

语言系统是以社会群体为单位，经过约定俗成形成的固定系统。不同的社会群体因其所具有的地域特征和文化特征不同而发展成为不同民族时，语言的差异会成为民族之间互相区别的重点内容之一，我们称其为"民族语言"。民族语言因为其产生和发展经历了漫长的年代，所以被现代人认为是远古时期由于人们生存的需要自然产生的，也被称为"自然语言"。

（二）语言是交际工具

语言是一种重要的交际工具，因为语言可以用来传递信息，表达情感和态度。对于语言是一种交际工具这一观点，具体可以从两个方面理解。

1. 语言是重要的交际工具

人类是群体性动物，每一个人都不能脱离社会而正常生活，只要人处在社会中，就需要与他人展开交际。其中，语言无疑是使用广泛、效率较高的交际工具。其他交际工具（如手势、身势、旗语等）都是以语言为基础创造的辅助交际工具，由于受各种条件的限制，有时容易被错误理解或得不到理解，因而不能和语言相比。根据上述分析可知，语言是重要的交际工具。

2. 语言是人类独有的交际工具

（1）动物语言与人类语言的区别。虽然动物与动物之间也存在交际，也会使用不同的交际方式来传递信息和表达情感，但动物之间的语言与人类语言存在很大的区别，人类语言所具有的很多特征（如明晰性、传授性、任意性、能产性）是动物语言不具备的。

（2）动物无法掌握人类的语言。动物无法真正掌握人类的语言。例如，鹦鹉模仿人们说话，只是掌握了只言片语，它们既无法理解语言的含义，也不能像人类一样运用已经掌握的语言创造出各种各样的句子、片段和篇章。所以说，语言是动物无法逾越的鸿沟，能否掌握语言，也是人与动物的根本区别之一。

（三）语言是思维工具

1. 思维

思维是人脑的机能。但有些科学家发现，动物也有思维，通过思维获得的创造工具的能力是人类与动物都具备的能力。也就是说，我们应当承认动物思维的存在，只不过动物的思维比较简单、低级，人类的思维比较复杂、高级。

人类思维与动物思维本质上的不同在于各自运用的不同的语言思维方式。人类即使在睡梦中也在不停地思考，思考个人在社会中的角色和地位，思考如何实现自己的愿望和目标等。通过思考，人类能透过事物的表象看到事物的本质，发现事物运行的规律，从而使自身更适应社会的发展要求，并在发展过程中获取自己需要的东西。因此我们可以说，人的思维是对客观世界的一种反映，是人类在认识客观事物时开动脑筋进行比较、分析和总结的过程。

人类几乎每时每刻都在运用自己的大脑开展思维，进行创造，但却很少思考自己的思维，对思维的整体研究也无法独立成为一门科学。钱学森教授特别强调思维的重要性，提出把思维科学提升到与自然科学、社会科学一样的地位。[①] 这样一来，我们就能清楚地看到思维科学所处的位置，如脑科学、心理学、语言科学、逻辑学等都可以归纳到思维科学的体系之中，也可以重新思考思维的定义。

首先，思维是人脑特有的机能，是在人的大脑中进行的"活动"，

---

① 钱学森.关于思维科学 [J].自然杂志，1983（8）：563-567，572-640.

是一种生化反应。

其次，思维是人脑对客观事物的反映，它不能脱离现实而存在。

最后，人类通过思维活动能认识客观事物的内在联系和运行规律，进而对客观事物形成概括性的反映。

2. 语言和思维的关系

语言和思维之间是紧密相连、辩证统一的。思维不能脱离语言而存在，它需要借助语言开展工作；语言是思维的现实反映，是思维的产物，也为思维提供材料。具体分析，思维的过程就是人脑接收外界信息，并对外界信息进行加工和处理的过程。而外界信息如语音、文字等都是语言信息的组成部分。科学实验证明，语言信息的存储和加工都在物质大脑之中进行，这个过程就是开展思维活动的过程。①

与此同时，语言还是逻辑思维的工具。当大脑进行思维活动时，语言中枢就会根据思维活动产生的画面进行分析和编码，并且语言中枢会自动选择自己熟悉的语言进行编码。对于掌握两种或两种以上语言的人来说，语言中枢也会根据外界场景的变化和实际需求，自然地作出选择，表达思维内容。对于学习外语的人来说，能用外语的思维方式理解和表达自己的思想是掌握一门外语的主要体现，也是学习外语者尽快掌握这门语言的有效途径。

二、语言的功能

（一）语言的心理学功能

语言的心理学功能是人们认知外部世界、尝试与外部世界沟通的手段，属于内在的、主观的功能。其具体可分为命名功能、陈述功能、认知功能、表达功能和建模功能。

1. 命名功能

语言的命名功能是指语言具有标识事物或事件的功能。赋予个人体

---

① 刘传启 . 语言学概论 [M]. 北京：北京希望电子出版社，2016：51-56.

验以名称，是人类强烈的心理需求，这种需求具有重要意义。当人类社会没有产生语言时，人们虽然可以看到世界上的各种事物，能够感觉出它们之间的差异，但却无法很好地表达出来。这时人脑中只存在一些对见过的事物的简单意识。随着人们见过的事物越来越多，如果这些事物没有一个标识或者具体的名称，人脑的负担就会越来越重，这时大脑的记忆功能就会减退，对事物的表达也会受到影响。

在这种情况下，人们应该为事物命名，于是一些名称逐渐出现，丰富了人们对这个世界的认识。这也是语言诞生的原因。随着语言的产生和发展，为不同事物和事件命名以及赋予事物和事件不同意义的问题得以解决，人类大脑的记忆能力和理解能力也得以提高，从而促进了人类智力的发展。

2. 陈述功能

语言的陈述功能是指语言具有说明事物或事件之间关系的功能。随着社会的发展和文明的进步，语言的命名功能已经不能满足人们的交际需求和生活需求。因为日常生活中人与人之间、人与物之间、物与物之间总是存在着各种隐藏的或明显的关系，而人们有表达这些关系、描述这些关系的客观需求。

3. 认知功能

语言的认知功能是指语言是一种人们用来思考的手段或媒介，这也是语言较为重要的功能。语言是人们开展思维活动的载体，无论是简单的思维活动还是复杂的、抽象的思维活动，其开展都离不开语言。语言助力大脑开展识记、比较、分析、概括、判断、推理、创造等高层次的思维活动，从而使人类的智力得到发展，进而使人类创造出各具特色的物质文化和精神文化，丰富了人们的生活。

4. 表达功能

语言的表达功能是指语言是人们用来表达主观感受的一种方式和手段。它既可能是一个词语，也可能是一个短语或完整的句子。它表现出人类对客观世界的反映，是人们自然情感的流露。例如，当人们遇到自己喜欢的事物或做自己喜欢的事情时会说"真棒！""好开心！"之类的话；当人们对某件事表示同意或赞成的时候会说"可以！""没问题！"之类的话；当人们遇到或者听说不好的事情而感到害怕、不可思议时会说"怎么可能！""应该不会吧！"之类的话。除此之外，语言的表达功能还可以指人们通过推敲和研究词句的结构、韵律等来传达个人思想、情感的行为。

5. 建模功能

语言的建模功能是指语言建构反映客观现实的认知图式的功能。之所以这样说，是因为随着语言文化的发展以及人类认知能力和表达能力的提高，语言中的词语开始建构反映客观世界的图式结构，也就是说，由成千上万个词语构成的词语符号系统搭建起了反映大千世界的模型。在这个模型中，词语被分为若干层次，层次相对靠下的词称为"下义词"，层次相对靠上的词称为"上义词"，下义词相对于上义词来说描述的事物更加具体。

（二）语言的社会学功能

语言的社会学功能是指语言具有帮助人们开展人际沟通的功能，也可以称为语言的交际功能。它反映了人们的沟通过程，具有显性和交互性特征。根据语言学家奈达的研究，语言的社会学功能具体可分为以下五种。

1. 人际功能

语言的人际功能是指语言可以用作保持或者改善人际关系的方式和手段。语言人际功能的具体表现是人们在交际的过程中，往往会根据交际对象身份的不同、交际场合的不同而采用不同的用语，包括礼仪用语、外交用语、法庭用语等。这样在赢得别人尊重的同时，还能彰显自己的身份、地位。有时人们谈话的目的并不是获取信息、彰显地位，而仅仅是保持亲密关系。例如，中国人碰见熟人喜欢问"去哪呢？""吃饭了吗？"这一类的话，其并不是真的想知道对方的行踪和是否吃过饭，而是出于礼貌和客套说的场面话。

2. 信息功能

语言的信息功能是指语言具有传递信息的重要功能。通常情况下，人们在谈话时都会向他人传递相关的信息，这些信息有可能是浅显易懂的，也有可能是有内涵、需要人们思考才能明白其中含义的。此时，需要注意的是，人们所传递的信息应符合信息接收者已有的信息水平和信息结构，否则信息接收者将无法接收传递过来的信息。例如，给幼儿园的小朋友讲古文和微积分，他们是无法理解的。

3. 祈使功能

语言的祈使功能是指语言具有发布指令的功能。在言语交际活动中，人们往往有提醒、告诫、指挥、命令和请求他人的交际需要，这时就需要使用祈使句型来表达交际需求。祈使句型往往会对受话人的行为举止产生影响。

4. 述行功能

语言的述行功能是指语言可以用来宣布某种行为的实施或者某个事件的发生、进程、结果。此时说话人大都是权威人士或代表着权威机构，使用的语言也是比较正式、规范的词语和句式，如在政府的新闻发布会上、国际组织或机构举办的相关活动中使用的语言。

5. 煽情功能

语言的煽情功能是指语言具有煽动他人情绪、影响他人心情的功能。因为在一些特定情况下，人们输出语言不是想传递什么信息，而是想激发听话者的情感，影响他们的情绪。一般来讲，词语的联想意义或内涵意义越是丰富，就越容易达到煽情的目的。

三、语言的特征

（一）任意性

语言学家索绪尔最早提出"任意性"这一语言的特征，目前这一特征已被人们广泛接受。语言的任意性特征是指语言符号的形式和意义之间不存在必然的联系。例如，人们不能解释为什么中文中的"书"在英文中叫作 book，中文中的"好"在英文中叫作 good。语言的任意性具有不同的层次，即语素音义关系的任意性、句法层面的任意性以及规约性。

（二）二重性

语言的二重性是指语言具有两层结构，底层结构的元素组成上层结构的单位，每层结构都有各自的构成原则。通常来讲，话语的组成元素是本身不传达意义的语音，语音的主要作用就是相互组合构成有意义的单位，如词。语音是底层单位，没有意义；与词等上层单位相对立，这些上层单位有独立且明确的意义。语言这一系统既有底层元素，又有由底层元素组成的单位，二重性只能存在于这样的系统中。

（三）创造性

语言的创造性是指语言的二重性和递归性使语言拥有无限变化的能力。利用语言，人们可以创造出新的意义。实践证明，同一个词语通过新的使用方法能表达出与原来不同的意思，并且没有使用过这种方法的人听到这个词也能理解其新的意思；人们还擅长为新出现的事物或事件起新的名字，这也是语言创造性的体现。此外，语言的创造性还体现在它可以形成无限长的句子。

（四）移位性

语言的移位性是指人们可以用语言来表达不在交际现场的物体、事件以及观点。例如，我们可以对历史上著名人物的所作所为畅所欲言、发表评论，尽管他们是几百年甚至几千年前的人物；我们可以讨论火星上存在的物质，尽管火星距离我们非常遥远；我们还可以说下个月天气就变暖和了，尽管下个月还没有到来。这就是语言的移位性。

第二节 文化的基本认知

一、文化的概念

(一)"文化"的来源

从中西方发展的历史来看,古代的"文化"和现代的"文化"有着不同的含义。在中国,汉代《说苑·指武》中首次提出了"文化"一词,即"文化不改,然后加诛"。此处所指的"文化"具有文治教化之意,与"武功"含义相对,阐述的是一种君王治理社会的方法。

在西方世界,culture 一词来源于拉丁文的 cultura,具有耕种、栽培、养育的意思,后来引申为培养人的技能、品质。到 18 世纪,该词的含义又发生了变化,表示三种状态,即心灵的普遍状态或习惯、各种艺术的普遍状态、整个社会知识发展的普遍状态。

(二)近现代"文化"的定义

英国的人类学家爱德华·泰勒对文化所下的定义得到了学术界的普遍认同,他认为,从广泛的民族学意义来讲,文化就是一个复合整体,这个整体包括知识、信仰、艺术、道德、法律、习俗以及作为一个社会成员的人所习得的其他一切能力和习惯。①

研究人类交际行为的学者,如萨姆瓦等对文化的定义是:文化就是经过前人的努力而积累、流传下来的知识、经验、信念、宗教以及物质财富等内容的总体。文化隐藏在语言、交际行为以及人们的其他日常行为中。②

来自美国的学者南达认为,文化作为理想规范、意义、期待等构成的完整体系,既对实际行为按既定的方向加以引导,又对明显违背

---

① 爱德华·泰勒.原始文化 [M].连树声,译.上海:上海文艺出版社,1992:1.

② SAMOVAR L A, PORTER R E, STEFANI L A. Communication between Cultures [M]. 3th ed. Beijing: Foreign Language Teaching and Research Press,2000:36.

理想规范的行为进行惩罚，从而遏制了人类行为向无政府主义倾向的发展。①

中国学者张岱年和程宜山则认为，文化是人类在处理其与客观现实的关系时所采取的精神活动与实践活动的方式及其所创造出来的物质和精神成果的总和，是活动方式与活动成果的辩证统一。②

金惠康认为，文化是由生产方式、生活方式、价值观念及社会准则等构成的复合体。③

根据以上学者对文化定义的阐释，可以看出文化是人类精神生活和物质生活的总和，它包罗万象，存在于历史发展的过程之中，为文化共同体全体所享有。从这个意义上讲，文化实际上是人类通过改造自然和生存环境而逐步实现自身价值观念的过程。

二、文化的特征

（一）动态特征

虽然不同文化的发展具有一定的稳定性，但动态性才是文化永恒的特征。动态性又可称为可变性，具体分析，就是文化在发展过程中不是固定不变的，它总会在自身因素或外部因素的影响下产生各种各样的变化。

文化受自身因素影响发生变化的原因在于：

文化本身是人类物质文明和精神文明发展到一定阶段产生的，同时它的产生也是为了满足人类生存发展的需要，因而文化会随着人类生存条件的变化而自动发生变化。例如，在人类文化的发展历程中，科学技术的进步促进人们对世界的理解和认知发生改变，进而使得人类的思想和行为发生变化，所以具有里程碑式特征的发现或发明都会推动文化的发展和变迁。

---

① S. 南达 . 文化人类学 [M]. 刘燕鸣，韩养民，译 . 西安：陕西人民教育出版社，1987：46.

② 张岱年，程宜山 .《中国文化精神》[M]. 北京：北京大学出版社，2022：1-21.

③ 金惠康 . 跨文化交际翻译续编 [M]. 北京：中国对外翻译出版公司，2004：35.

文化受外部因素影响发生变化的原因在于：

外来文化的冲击以及不同文化之间的碰撞会使得文化内部要素发生潜移默化或肉眼可见的变化。信息技术的进步、交通运输的发展以及国家、民族之间的政治、经济往来，都为不同文化的相互了解和相互影响创造了条件。例如，佛教的传入改变了中国原来的宗教文化，儒家思想的外传也影响了东南亚地区的文化发展，现代中国的青少年受其他国家文化的影响颇深。

从物质文化和精神文化的角度分析文化的动态特征可以发现，物质形态的文化比精神形态的文化变化得更快、更多。这是由文化定式决定的。精神文化属于文化中的深层文化，深层文化的差异性是永远存在且不会轻易改变的。例如，受外来文化的影响，中国人在服饰、饮食、居住、出行等物质文化方面的变化是非常明显的，人们开始穿西装、吃西餐、住洋楼、举办交谊舞会；相比之下，中国人在精神信仰、世界观、人生观、价值观等精神文化方面的变化则没有那么明显，大部分人在内心深处还是信奉传统儒家思想、中庸之道的。

（二）符号特征

文化的符号特征是指文化通过符号传播、交流知识，每一种文化都是一种符号，也是人们不同思维和行为方式的象征。人类较为明显的特征之一就是符号化的思维和行为，这也是把人类称为"符号动物"的原因。在创造文化的过程中，人类通过自己对世界的认识与理解确定了自己的思考方式和行为方式，这些思考方式和行为方式构成了某一社会群体特有的文化符号，从而成为这一社会群体的生存法则和生活法则。人们在日常生活中的行为和思维都会受到这些法则的影响。人们一方面受社会群体文化的约束，另一方面又在这种文化环境中展现自己的价值、体现自己存在的意义。例如，在中国封建社会时期，人们用不同颜色的服装代表不同的地位等级，服装的颜色就成了身份的象征符号：明黄色是只有皇帝才能穿的颜色，朱红色和紫色是高级官员和贵族穿的颜色，青绿色是中下层官员穿的颜色等。如今，随着时代的进步与发展，服装颜色已经没有地位等级的象征意义，人们实现了选择服装颜色的自由。

文化的符号特征还体现为文化和交际具有同一性。交际的过程被认为是文化的编码、解码过程，语言是这一过程中使用的工具。在开展交际活动的过程中，人们经常会对交际对方的表达产生误解或不解，要想尽量避免误解现象的发生，保证交际活动的顺利进行，交际双方就需要对交际符号产生一致或相似的认知和理解。

（三）整合特征

文化的整合特征是指文化能集中体现某一群体的行为准则和思维方式，某一群体成员的思维方式以及行为方式可能被打上某种文化的烙印，因此才有了东方文化、西方文化、主流文化、非主流文化等有关文化的说法。

文化的整合特征还体现在文化是一个由多种要素构成的复杂的整体，在这个整体中，各种要素相互补充、相互影响，共同塑造着民族性格。这些要素包括世界观、人生观、价值观等精神要素，以及衣食住行等物质要素。文化的整合特征还具有维持文化稳定的作用，这一作用主要体现在民族文化中的文化内核发挥着整合文化的功效，通过整合文化维持着民族文化的稳定性。例如，中国传统文化的内核是融儒释道哲学元素为一体的天下为公、天人合一的世界观，以及自强不息、厚德载物等精神元素，这些世界观与精神元素一直发挥着整合其他思想观念的作用。由于不同民族的文化有着不同的文化内核，不同的民族文化在认知模式、价值观念、生活方式等方面存在较大的差异，如果交际双方不提前了解对方的文化，就可能造成误解甚至冲突。

（四）民族特征

文化产生于人类社会，而人类社会由大大小小、聚居生活的民族组成，因此可以说文化产生于民族这一机体。不同的民族造就出不同的文化，文化的疆界一般与民族的疆界一致，不同地区的文化发展不会因为经济发展水平的一致而类似。例如，世界四大文明古国在特定的流域创造出了各具特色的文化；日本、美国、欧洲各国虽然同为发达国家，但它们的文化存在着很大的差别。

当人类社会由众多民族组成时，由于各民族文化存在差异性，整个人类社会不可能保持各种文化的一致性，不能形成一种主流文化。那些具有差异性的亚文化，促进了亚文化民族群体的特色发展。即使是在同一民族文化中，也会有各种区域文化并存的现象发生。

文化的民族特征还使得不同文化在交流过程中只会选择对自己有意义的规则，因为人们能遵循的行为规则和选择的思考问题的方式是有限的。

三、文化的分类

文化的分类如图 1-2 所示。

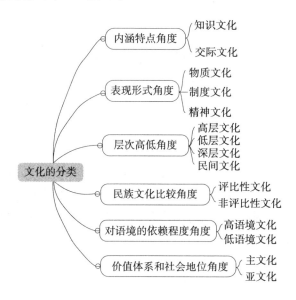

图 1-2 文化的分类

（一）内涵特点角度

从文化的内涵特点角度划分，文化可分为知识文化和交际文化两种类型。

知识文化包括政治、经济、文学、艺术、历史、哲学、科技成就等方面的内容；交际文化也可称为常识文化，主要包括思维方式、行为准则、生活习惯和社会习俗等方面的内容。学者金惠康对知识文化和交际文化的观点有助于我们了解这两种文化的区别。金惠康认为，所谓知识文化，主要是指非语言标志的、在跨文化交际中不直接产生严重影响的文化，这种文化主要以物质表现形式存在，如文物古迹、艺术品等；交际文化主要是指在跨文化交际中直接影响信息准确传递的语言和非语言的文化因素，它主要以非物质表现形式存在。[①]

（二）表现形式角度

从文化的表现形式角度划分，文化可分为物质文化、制度文化、精神文化三种类型。

1. 物质文化

物质文化是这三种文化中较为基础的文化，是人们在社会实践中的物质生产活动及其产品的总和，它以满足人们基本的生存需要为目标，如汉服、饺子、四合院、鼓楼、胡同、马车等都属于物质文化的内容。

2. 制度文化

制度文化是指人们为了更好地开展社会生产和实践活动而建立起来的各种法律法规、组织形式、规章制度等。它包括国家的法律制度、民族的礼仪制度等。制度文化的本质是人类创造的一种通过约束自己更好地服务于群体的手段。

3. 精神文化

精神文化是人们在长期的社会实践活动和思想意识活动中孕育出来的，它是精神的文化内核，是文化的意识形态部分。精神文化主要包括道德、伦理、价值观、宗教信仰等意识形态方面的内容。

（三）层次高低角度

从文化的层次高低角度划分，文化可分为高层文化、低层文化、深层文化和民间文化四种类型。

---

① 金惠康.跨文化交际翻译续编 [M].北京：中国对外翻译出版公司，2004：39.

1. 高层文化

高层文化又可称为精英文化，这类文化通常具有比较高雅的文化内容，如文学、艺术、建筑、宗教等。一般研究高层文化的人群都受过良好的教育，或者拥有极高的专业天赋。

2. 低层文化

低层文化与高层文化相对，通常具有一些低俗的、粗鄙不堪的文化内容，如粗俗的话语、令人感到被冒犯的不恰当的行为等。

3. 深层文化

深层文化也可称为背景文化。深层文化虽然隐而不显，但能够对群体的行为起到指导作用。深层文化的主要内容包括世界观、价值观、思维模式、心理结构等。

4. 民间文化

民间文化也可称为通俗文化。民间文化是由广大人民群众创造并发展的、起源于人民群众的生产和生活的一种文化，如民间生活方式、民间风土人情、民间节日习俗等。

（四）民族文化比较角度

从民族文化比较角度划分，文化可分为评比性文化和非评比性文化。

1. 评比性文化

评比性文化是指有好坏、优秀之分的文化。它根据事物或事件的性质与价值评判其优劣，如和平文化是一种优性文化，战争文化则是一种劣性文化。

2. 非评比性文化

非评比性文化也被称为中性文化，是指没有明显优劣和好坏之分的文化。非评比性文化一般指人们的行为方式、风俗、习惯等。在跨文化交际活动中，承认并尊重非评比性文化意味着承认民族文化的平等性和差异性。

（五）对语境的依赖程度角度

语言是人类交流中比较常用的工具，并且有特定的语境作支撑。从对语境的依赖程度角度划分，文化可分为高语境文化和低语境文化。

1. 高语境文化

高语境文化是指对语境的依赖程度较高、主要依靠交际双方的非语言符号开展交际的文化，如中国、韩国、日本都是具有高语境文化的国家，这三个国家的人民在获取信息等方面几乎是同质的。

2. 低语境文化

低语境文化是指对语境的依赖程度较低、主要依靠交流双方的语言符号进行交际的文化，如美国、瑞士、德国都是具有低语境文化的国家，它们的文化之间存在较大的异质性。

具有低语境文化的人与具有高语境文化的人在交际时容易产生文化冲突。因为处于两种语境文化中的人对交际过程中语言信息表达的要求不同。具有低语境文化的人比较注重交际对方的语言表达，他们希望对方的语言表达尽可能清晰、明确，否则他们就会因为信息不够准确而产生困惑。具有高语境文化的人则认为事实胜于雄辩，有时不愿做过多的解释，希望对方根据交际过程中的其他信息明白自己的意思。如果具有低语境文化的人不能理解，非要刨根问底，就会引起具有高语境文化的人的不满甚至愤怒，从而造成冲突。

（六）价值体系和社会地位角度

从价值体系和社会地位角度划分，文化可分为主文化和亚文化两种类型。

主文化就是在社会上占主导地位的、为大部分社会群体所接受的文化。之所以称之为主文化，是因为该种文化的存在具有一定的合理性和合法性，能被大部分社会群体接受。主文化由三个子概念组成，即主导文化、主体文化和主流文化。其中，主导文化由当权者决定，主体文化是在长期的生产生活实践中产生的，主流文化则是当今社会思想潮流的体现。

亚文化又可称为副文化。亚文化是被一小部分社会群体接受或者一小部分社会群体特有的文化。亚文化所信奉的价值观和坚持的行为方式一般与主文化差异较大，在文化权力关系中处于从属地位，在文化整体中属于次要的部分。通常情况下，亚文化与主文化共同发展，两者不会相互抵触。

四、文化的功能

生活在世界各国、各地区的人们采用独特的方式创造着属于自己的文化。文化一旦产生，就成了人们生活环境的有机组成部分，可称之为文化环境。文化的产生与发展不仅能满足个人和社会的各种需求，还时刻影响着生活在该环境中的每一个人，具有特定的功能。文化的功能主要体现在以下三个方面。

（一）记录与认知功能

文化一旦被创造出来，就有了记录的功能。文化记录了人类的生存和发展历程，蕴含着各民族的宝贵记忆。而文字作为书写文化的工具，是人类的创造，进一步拓展了文化的记录功能。无论是中国古代的甲骨文还是古巴比伦的楔形文字，都记录了早期人类社会的生产与生活，帮助我们认识到了先民们的智慧与能力。而随后造纸术、印刷术的普及以及其他科学技术的发展进步，使得文学作品、报纸杂志、音像媒体、手机等发挥了文化的记录功能。

还有一些物质文化成果也有记录功能。例如，每一件具有一定历史的器物，都向人们讲述着当时的风土人情和它所经历过的历史沧桑。我们通过这些器物也能感知到当时人们的精神状态，体会到他们当时的心情，了解他们的文化价值取向。例如，通过参观长城，我们能够感受到设计者的才华、智慧以及建造者的艰辛。

文字有了记录功能，也就激发了人们的认知功能。从认知论的角度分析，人类的文化史记录了人类的认知过程。从某种意义上说，中国家喻户晓的四大名著等文学著作都是古代人们生活的真实写照或深刻反映。人们通过记录文化来积累生活经验、创新思维方式、提高认知能力，进而更好地了解自身、了解社会、了解这个世界。

与此同时，人类还利用文化不断发明、创造物质认知工具，从而提高自己对客观世界的认知能力和改造能力。例如，人类发明了天文望远镜，加深了自己对宇宙星系的认知；人类发明了显微镜，加深了对各种生物细胞、组织的认知。除此之外，人类还通过文化认识了不同国家、不同民族、不同阶级的历史和现状，进而推断、探索它们的未来。

（二）传播与传承功能

文化的传播与传承功能是由文化的记录与认知功能决定的。文化一旦被记录，就有很大的可能性被后人发现并传播开来，其中部分文化由于具有特殊性，还会被教授并传承下来。传播与传承的区别在于：传播是文化由内向外的横向扩散，发生在相同或不同的社会群体之间；传承是文化由一代人向下一代人的纵向传递，一般发生在固定的社会群体之中。文化的传播和传承并不冲突，可能会同时发生。

如今聊天软件的流行、表情包的推广，依靠的就是文化的传播功能。文字和语言既是文化现象，又是文化的载体，具有强大的传播功能与传承功能。由于语言能传播，人们能习得除自己母语外的其他语种，并通过语言的学习了解目的语国家的文化，进而促进不同国家间的文化交流。由于文字能传承，人们能通过史书上的记载了解过去发生的事情。

除了语言和文字，文化实物也具有传播功能。例如，中国的古人们通过搭建丝绸之路将中国的瓷器和丝织品出口到其他国家，这些工艺精湛的产品向外国人传播了具有中国特色的文化；唐朝文成公主入藏，为当地带去了唐朝先进的种植、纺织和医药技术，促进了少数民族文化的发展，同时把藏族的文化传入了汉族。随着现代互联网信息技术的发展，文化的传播功能愈发强大。电话、手机、笔记本电脑拉近了世界各地区人们之间的距离。世界大部分地方发生的事情，都可能通过现代媒体的记录与传播被世界各国的人们迅速了解。1977 年，美国向茫茫的外太空发射太空飞船，船上载有一张铜质镀金磁盘唱片，这可以说是人类第一次尝试向宇宙传播人类文化。

（三）教化与凝聚功能

人是社会性、集体性动物，生活在社会之中，人的生存和发展都离不开社会这个大环境。正是人对社会的依赖性，使得文化具有教化与凝聚功能。其中，文化的教化功能主要通过文化模式的濡化和社会价值观的宣扬来实现。人们所处的社会环境采用的是什么样的文化模式、宣传的是什么样的价值观，人们就会在潜移默化中受到什么样的文化模式和什么样的价值观的洗礼，进而内化为自己的思想观念，努力把自己塑造成符合当下环境发展需求的人。

具体分析，文化对个体的教化是通过耳濡目染、潜移默化、春风化雨的方式实现的，这种教化行为的主要目的在于使每个人都能按照社会奉行的价值理念和行为标准要求自己，从而弱化个体的动物性特征，将其培养成为社会发展需要的人才。每个人都是从出生开始就生活在特定的环境中，父母是他们的第一任老师，教导他们使用语言、认知世界、和他人相处；进入校园之后，他们在教师的带领下学习科学知识、生活技能和道德规范等。个体在社会参与和社会适应过程中，随着其身处文化环境的变化，其思想观念、行为方式、审美情趣等都会因受到不同程度的影响而发生变化。

文化的教化功能使得文化具备凝聚功能。这主要体现在文化的教化功能能使生活在同一文化环境中的社会群体形成相同的思维方式、思想信念、价值观念和行为标准，从而紧密地联系在一起，凝聚成巨大的认同力量和文化内核，不会被外来文化轻易影响或覆盖。

第三节　翻译的基本认知

一、翻译的定义

什么是翻译？翻译的本质是什么？目的是什么？针对以上问题，国内外翻译理论家阐述了自己对翻译的理解。

（一）国外学者对翻译的定义

英国著名翻译理论家卡特福特认为，翻译是用译语的等值文本材料去替换源语的文本材料。[①]

来自美国的翻译理论家尤金·奈达认为，翻译是在目的语中寻找在意义、风格上和源语信息无限接近并且自然的对等话语。[②]

苏联的翻译理论家费道罗夫提出，翻译是用一种语言把另一种语言在内容与形式不可分割的统一中所有已表达出来的东西准确而完全地表达出来。[③]

德国目的论翻译学派代表人物克里斯蒂安·诺德对翻译下的定义是：翻译是创作使其发挥某种功能的译语文本。[④] 它与其源语文本保持的联系将根据译文预期或所要求的功能得以具体化。翻译使由于客观存在的语言文化障碍而无法进行的交际行为得以顺利进行。

（二）国内学者对翻译的定义

学者王克非认为，翻译是一种文化活动，具有用一种语言文字表达另一种语言文字的内涵。[⑤]

学者张今表示，翻译是两种语言所代表的社会用来进行沟通的媒介，它的任务是把原书中描述的社会景象用另一种语言较为完整地表达出来，从而达到促进本语言代表的社会政治、经济、文化各方面进步的目的。[⑥]

学者孙致礼对翻译的观点是，翻译就是用一种语言传递另一种语言想要表达的意义，最后达到交流思想、传播文化，尤其是促进目的语文

---

① J.C.卡特福德.翻译的语言学理论 [M].穆雷，译.北京：旅游教育出版社，1991：24-32.

② NIDA E A，TABER C R.The Theory and Practice of Translation[M]. Leiden：Brill Archive，2004：17.

③ 费道罗夫.翻译理论概要 [M].李流，等译.北京：中华书局，1955：9.

④ Christiane Nord.目的性行为——析功能翻译理论 [M].上海：上海外语教育出版社，2001：15.

⑤ 王克非.关于翻译本质的认识 [J].外语与外语教学，1997（4）：45-48.

⑥ 张今.文学翻译原理 [M].开封：河南大学出版社，1987：9.

化发展的目的。①

学者侯林平则表示，翻译是译者通过开动大脑、发散思维或借助信息科技的方法，用译语表达源语文本的含义及想要传递的思想意图，其最终目的在于推动跨文化交际活动的顺利开展。②

二、翻译的价值

研究翻译不能回避翻译的意义或价值问题。而要了解翻译的价值问题，就需要考虑以下三个方面的影响因素：

首先，翻译观是讨论翻译价值的基础。不同的翻译观会对翻译的价值有不同的定位。

其次，翻译价值的探讨应依据历史事实，在分析某一时期的翻译现象和翻译作品时，要综合考虑当时的翻译环境、翻译条件、翻译标准，以作出科学判断。

最后，要以发展和辩证的眼光讨论翻译的价值，不能局限于某一时期的某件事。

（一）翻译的社会价值

翻译的社会性赋予翻译以社会价值，翻译推动着社会的交流与发展。翻译对社会发展的推动力主要体现在以下两个方面。

1.翻译是沟通人类心灵的活动

学者廖七一曾在其著作《当代英国翻译理论》中表示，无论是远古时期原始部落之间的交往还是现代的跨文化交际活动，在一定程度上都离不开翻译。翻译活动具有悠久的历史、丰富的形式，涉及广阔的领域，在一定程度上为跨文化交际活动的开展提供了客观条件。从本质上讲，翻译具有沟通人类心灵的能力。翻译在给人类带来物质财富的同时，还创造了无限的精神财富。翻译是促进人类社会文明发展的重要途径。

①　孙致礼.新编英汉翻译教程 [M].上海：上海外语教育出版社，2003：3.

②　侯林平.翻译定义新探 [J].西南交通大学学报（社会科学版），2004（4）：59-63.

2. 翻译的交际性推动社会的发展

学者邹振环曾在《影响中国近代社会的一百种译作》中具体论述了翻译对中国近代社会的巨大影响和推动作用。他强调，翻译的交际性对社会有一种推动力。沟通与交流是理解的基础，理解是使世界各民族从狭隘、猜疑、不信任走向包容的原动力。

（二）翻译的文化价值

翻译的文化价值在于促进不同文化之间的沟通、交流与延续，而文化的丰富多彩又能促进整个世界的文明进步，所以翻译活动也有利于世界文明的发展。中国学者季羡林曾表示，翻译应是一种普遍存在的活动，只要语言文字的表达存在差异，无论是在一个国家内，还是在诸多国家之间，都需要翻译的帮助。[①] 翻译就是为了帮助拥有不同语言、文化的人们进行顺畅交流，所以翻译可以理解为一种服务人类的跨文化交际活动。

季羡林将文化的发展划分为五个阶段，即诞生、成长、繁荣、衰竭和消逝。也就是说，没有什么文化是能一直存在的。根据这一原理，中国传统文化也应如此。但事实是，中国传统文化历经几千年的发展和变化，不仅没有消逝，还发展得越来越好。这是为什么呢？主要是因为翻译。中国传统文化就像一条长河，这条长河有水多、水满的时候，也有水少的时候，然而就是因为这条长河总是在接受新水（通过翻译引进的文化）的注入，所以其从未枯竭，并能保持活力。

民族文化的发展过程是不断创造、不断积累的过程，而翻译在这个过程中所起到的作用就是丰富文化的内容，使民族文化得以传承和延续。一个国家或者民族想要寻求发展，就应打破故步自封的状态，开放自我，让外部文化了解自己，积极与其他文化展开交流和学习，以彼之长，补己之短，在不断碰撞与融合中加深理解、促成合作。

（三）翻译的语言价值

从翻译的形式上分析翻译，翻译就是一种语言符号转换活动，语言

---

① 季羡林.《中国翻译词典》序 [J]. 中国翻译，1995（6）：4-5.

符号的转换性是翻译的一种显著特征。翻译的语言价值主要体现在语言符号的转换过程中，为了准确表达源语中存在、目的语中没有的新事物，译者需要创造新的名词甚至语法，并将其添加到目的语语言系统中。例如，梁启超曾在《翻译文学与佛典》中论述了佛经翻译文学对汉语发展产生的影响。梁启超强调，用汉语中陈旧的表达翻译新的思想和观念，会导致思想观念的变质，所以要适当创造新的语言表达方式来翻译新观念、新事物。

（四）翻译的创造价值

从社会层面分析，一般社会活动都建立在交际的基础上，跨文化的交际过程通常是一个认知新思想、新事物的过程。在这个过程中，人们往往需要改变自己对事物的固定看法，这种思想上的解放是很重要的，是创造的基础。从文化层面分析，译者在翻译活动中引进异质因素的行为，就是一种创新的行为。从语言层面分析，译者只有在不改变源语意义的基础上开拓思维、大胆创造，才能为目的语引进新的事物、注入新的血液。翻译给予源语新的面貌，使其以新的形式面对目的语文化中的读者，这是一个继承与创新的过程。

（五）翻译的历史价值

翻译的历史价值主要体现在以下两个方面：

（1）在人类文明发展的过程中，翻译在推动历史变革和发展活动中发挥着重要作用。例如，翻译推动了 14 至 16 世纪文艺复兴运动的开展。

（2）因为某些复杂的或者个性突出的艺术作品不是一个译者能一次性完成的，而是需要多个时代译者的共同努力才能完成，所以翻译是有一定的历史局限性的。翻译活动所能达到的不同文化之间思想交流的程度是不断变化的，因为翻译的成果受到人类认知能力和理解能力的制约，但这种制约会随着人类能力的提升而减少。

三、翻译的标准

翻译的标准是翻译实践活动的行为准则和衡量译文水平高低的尺度。关于翻译的标准，不同的翻译学派有不同的看法。本书认为，忠实应是翻译的较为重要的标准，翻译的忠实标准包括功能上的忠实和文体上的忠实。

（一）功能上的忠实

翻译在功能上的忠实是指原文有什么样的功能，其译作也应拥有什么样的功能。英国翻译理论家纽马克提出语言具备六种翻译功能。

1. 表情功能

表情功能是指翻译表达人思想感情的功能。

2. 信息功能

信息功能是指翻译对语言之外的现实世界进行介绍和反映的功能。

3. 祈使功能

祈使功能是指翻译使读者在看过文本之后产生一定的反应。

4. 美感功能

美感功能是指翻译使个体感官愉悦的功能。

5. 酬应功能

酬应功能是指翻译使交际者之间保持接触和联系的功能。

6. 元语功能

元语功能是指翻译使语言对自身功能及特点进行解释的功能。①

面对翻译的诸多功能，译者应分辨出原文的具体功能，这样才能使译语忠实于原文。

---

① NEWMARK P. Approaches to Translation [M]. Upper Saddle River：Prentice Hall，1988：56.

（二）文体上的忠实

翻译的文体不同，对忠实性的要求也就不同。其中，对文学作品和应用文的翻译要求再现原文的风格。

1. 文学作品翻译

文学作品的翻译要求再现原文的风格，因为只有这样，译文读者才能获得和原文读者相同的阅读体验和情感享受。译者应该使用符合目的语使用规则的自然语言再现源语描述的场景内容。例如：

原文：

Sweet and low, sweet and low, wind of the western sea; low, low, breathe and blow, wind of the western sea.

译文 1：

西边海上的风啊，又甜又轻，又甜又轻；西边海上的风啊，一边呼吸一边吹着，很轻，很轻。

译文 2：

西边海上的风啊，你多么轻柔，多么安详；西边海上的风啊，你轻轻地吹吧，轻轻地唱。

在原文中，诗人运用了重复、头韵、联珠等修辞方式来赞美西海的风，描述西海之风的特点。对此，译文应该展现出原文所描述的西海之风的神韵和原文语言的音美、形美、意美。很明显，译文 2 符合文学翻译的标准与要求。

2. 应用文翻译

在翻译应用文时要注意格式转换的问题。如果原文是比较正式的，那么译者在翻译时就应该将其转换成译文中相应的格式。例如：

原文：

常先生及夫人：

谨定于 2022 年 4 月 23 日星期六晚 6 时举行晚宴，敬请常先生及夫人光临。

地址：北京市西城区虎坊路 108 号。

请回复。

邀请人：张洁

译文 1：

Dear Mr. and Mrs. Chang,

This is to invite you to the dinner party on Saturday, April 23, 2022 at 6:00 p.m.

Looking forward to your coming.

Address: 108, Hufang Road, Xicheng District, Beijing.

R.S.V.P.

Sincerely yours,

ZhangJie

译文 2：

Mrs. ZhangJie,

Request the pleasure of the company of Mr. and Mrs. Chang.

At dinner on Saturday, April 23, 2022 at 6:00 p.m. at 108, Hufang Road, Xicheng District, Beijing.

R.S.V.P.

比较以上两篇译文，可以发现，第一篇译文虽然完整地传达出原文的意思，但是没有考虑到文体，因此会给读者一种不太正式的感觉；而第二篇译文相对而言就比较正式，符合翻译的要求。

四、翻译的过程

翻译的过程就是译者在正确理解源语的基础上创造性地用目的语表达、转述源语的过程。这一过程可分为三个阶段，即理解阶段、表达阶段和校核阶段。①

（一）理解阶段

译者想要正确地理解原文，就应在理解原文词句、表达的基础上结

---

① 李华钰，周颖，吕庶瑾. 当代英汉语言文化对比与翻译研究 [M]. 长春：吉林人民出版社，2017：26.

合上下文语境具体分析原文想要表达的真正意义，并据此选择合适的译法。译者想要透彻地理解原文，就应做到以下几点。

1. 理解原文的语言现象

译者应根据具体语境理解原文中词汇和句子的正确意义。例如：

原文：

Suddenly the line went limp. "I'm going back," said Mike. "We must have a break somewhere. Wait a moment. I'll be back soon."

译文：

引爆电线突然耷拉下来。"我回去看一下，"迈克说，"一定是哪个地方断掉了。稍等一下，我很快就回来。"

在上述示例中，有的译者把 have a break 翻译成了"休息一下"，这样翻译很明显是不符合上下文语境交代的故事背景的，译者错误地理解了 break 的意思。英语中的 break 有多种含义，如在短语 take a break 中表示休息，在 break the cup 中表示打破、打碎，在 break ones words 中表示违背、背弃。

2. 理解原文所涉及的事物

译者在翻译时要理解原文所涉及的客观事物，特别是一些特有的事物、历史背景、典故或专门术语，这样可以使译文更加准确。例如：

原文：

David can be relied on. He eats no fish and plays the game.

译文：

约翰为人可靠，他既忠诚又正直。

在上述示例中，短语 eat no fish 出自一个典故：在伊丽莎白女王统治时期，耶稣教徒为了表示对政府的忠诚，拒绝遵守不满政府统治的罗马天主教徒在星期五只吃鱼的习俗。因此，该短语通常用来形容人的忠诚。play the game 是另外一个习语，意为"为人正直，对所有人都公平对待"。如果译者不了解上述两个短语的深层含义，就可能将这句话翻译成"大卫是一个值得信任的人。他一向不吃鱼并且喜欢玩游戏"。读者看到译文也会感到匪夷所思，不明白前后两句话有何联系。

3. 理解原文中的逻辑关系

原文中的某些句子可能存在歧义，此时译者就要通过语境理解句子的上下文关系，进而选择最合适的译法。例如：

原文：

It's good for him to do that.

译文 1：

这样做对他有好处。

译文 2：

他这样做是件好事。

在这个例子中，以上两个译文都是正确的，但具体哪个译文与原文更加相符，就要根据上下文语境来推理，从而选择翻译更恰当的译文。

（二）表达阶段

表达阶段是翻译的第二个阶段，译者在这一阶段需要将自己对原文意义的理解通过正确的方式用目的语表达出来。理解是表达的前提，但理解正确并不意味着表达准确，在此过程中，选择合适的表达方法很重要。下面介绍三种常见的表达方法。

1. 直译法

直译法是一种较为通用的表达方法，指的是将源语的语义和语法结构转换为最接近的目的语的过程。直译法把译入语的形式和意义视为重要的翻译影响因素，是翻译中相对简单且常用的方法。例如：

原文：

杀鸡取卵、竭泽而渔式的发展是不会长久的。

译文：

Killing the hen to get eggs or draining the pond to catch fish is no formula for sustainable development.

在上述示例中，译者将具有中国特色的成语"杀鸡取卵""竭泽而渔"翻译为"killing the hen to get eggs""draining the pond to catch fish"，不仅再现了原文的内容，还保留了中国成语的表达风格，体现了中国人民的智慧和汉语表达的特点。由此可见，在汉英翻译中采用直译法可以向国外输出一些英语中没有的新鲜词语和表达方式，在进行文化输出的同时，也丰富了英语语言的表达。

2. 意译法

不同的语言在句法结构和表达方式上有时会存在较大的差异，此时采用直译法已经满足不了正确表达、流畅表达的需求，而采用意译法可以将原文的内涵和神韵表达出来。例如：

原文：

时间有限，我们单刀直入，我愿意回答记者朋友们提出的问题。

译文：

Since we have limited time, I invite you to be direct with your questions.

"单刀直入"是中国传统武术中的一个动作描述，比喻谈话时不拐弯抹角，直截了当，具有浓厚的民族文化特色。在这句话中，"单刀直入"表示希望记者们能免去不必要的寒暄，直接提出问题。在翻译这句话时，如果采用直译法，翻译出来的句子可能不容易被读者理解；如果采用意译法，将"单刀直入"译为 be direct with your questions，虽然译语失去了文化色彩，但该成语的比喻意义得以体现。

3. 直译法 + 意译法

直译法和意译法都是非常重要的翻译表达方法，在优秀的翻译作品中，我们经常可以看到这两种方法被结合起来使用。例如：

原文：

关于区域的自由贸易安排，涉及中国的，有条件的，我们持开放态度，愿意去推动。我们不会越俎代庖，不会超越区域去做不应是中国做的事情。

译文：

With regard to the arrangement on regional free trade, as long as China is involved and has the conditions to participate, we will assume an open attitude to promote it. We won't meddle in others' affairs. We won't go beyond China's regional scope to do things we shouldn't.

以上示例中除"越俎代庖"这个成语的翻译采用的是意译法之外，其他句子的翻译采用的都是直译法。"越俎代庖"是一个成语，本义指担任主祭的人代替厨师下厨，后用来比喻超越自己的职务范围而代人做事。对于不熟悉这个成语的目的语听众来说，如果译者直接翻译成语的字面意思，会让目的语听众难以理解讲话者想表达什么。译者运用意译法将其翻译为 meddle in others' affairs，保证了该成语意义的准确传递。

（三）校核阶段

译者在翻译大量复杂、有难度的译文时，难免会出现漏译或误译的情况，此时就需要译者对翻译好的内容进行校核。在校核阶段，译者不能掉以轻心，要进一步核实原文需要翻译的内容的含义，以提高译文的准确率。在校核过程中，译者需要注意以下四个方面的内容：

（1）检查译文中是否存在人名、地名、数字、日期等方面的漏译或误译现象。

（2）检查译文中词汇、句型、短语等方面的表达是否存在失误。

（3）检查译文中是否存在冷僻的、让人难以理解的语言表达。

（4）通常情况下，至少校核两遍。

在校核阶段，译者第一遍着重校核内容的正误，第二遍着重润色语言。如果还有时间，建议译者将译文对照原文再诵读一遍，检查是否万无一失，尽量解决所有的问题后再定稿。

第四节　语言与文化的关系

一、语言对于文化的作用

（一）语言是文化的载体

文化的载体不止一种，主要包括语言、音像、实物、视频、文学、艺术、建筑等。文化与其载体之间是相互渗透、相互依存的关系。语言作为文化重要、常见的一种载体，对文化的产生、存在、发展、传播和传承都起到了重要作用。语言产生之后，才有了文化的产生和发展，没有语言的文化是不存在的。语言见证并记录了文化的演变，是研究民族文化发展的重要因素。通过研究语言，人们可以了解一个国家或民族意识形态的演变、思想观念的继承以及思维模式的运转。我们说语言是文化较为重要的载体，有以下六点原因：

（1）语言能够体现语言创造者和语言使用者的知识水平和文化水平。人类习惯利用语言文字记载本民族的历史、经验和其他文化，并传给后代。

（2）语言能够体现语言使用者所处社会的生产力水平和生产关系、社会关系、阶级关系。

（3）语言能够体现语言使用者的生活方式和行为准则。

（4）语言是人类思维的载体。语言是人类自身的一个重要组成部分，它沉浸在人类的思维变化之中。

（5）语言能够体现语言使用者的思维模式和思维内容。

（6）语言能够体现语言使用者的情感模式和情感指向。

（二）语言是文化的风向标

语言是文化的风向标主要体现在语言在一定程度上引导着文化。拥有不同文化的人们面对相同或不同的客观现实，会创造出不同的语言，语言可以引导人们去认识、去了解其他文化接触和改造外部世界的方式。人类的文化身份和使用的语言之间不是一一对应、固定不变的关系，但语言却能敏锐地捕捉到语言使用者与所处社会之间的关系。在同一时期不同的社会群体之间，语言的表达和语言的质量是有差别的；在不同历史时期，语言的表达更是体现出不同的要求和状态。例如，早期人类的语言没有现代人的语言这么丰富、精彩、有逻辑、成系统。

语言对于不同民族、不同文化之间的沟通和理解具有不可替代的作用，要想了解一种语言，就应了解这种语言背后隐藏的文化。

二、文化对于语言的作用

（一）文化为语言的发展提供温床

文化是语言产生和发展的温床，没有文化，语言就不会存在，就失去了发展的条件。语言与文化一起体现了民族的思维方式、思想信念和行为准则。

随着时代的发展和社会的进步，人们的生产、生活方式跟以前相比发生了巨大的变化。与此相对应，服务于社会群体的语言也发生着肉眼可见的变化。这种变化体现在语言的表达上，如有的人说话喜欢中英文混用："他这个人真的很 nice。"有的人因为没有完全掌握英语的思维习惯和使用方法，在与外国人交谈的过程中会使用中式英语 "The price is very suitable."

语言的变化不仅体现在表达方式上，还体现在各个领域因为新事物的产生而出现的新词语上，如微信、抖音、快手等。

（二）文化制约语言的运用

语言的选择和运用受到语境的影响，语境是语言生成和理解的先决条件，而文化又是语境较为重要的组成部分，所以语言的运用受到文化因素的制约。通常情况下，人们会将自己所处时代的文化精髓注入语言之中，因而文化是促进语言更新换代的驱动力，是语言表现的基本内容，文化的发展与变化制约着语言的选择和运用。例如，汉语中的"小姐"一词，在中国古代封建社会制度下指的是贵族家中的女儿；封建制度结束后，曾用来泛指未婚女性；又如，汉语中的"同志"一词，在中国古代是指与自己志同道合、有共同理想的人；中华人民共和国成立初期，"同志"指有相同革命信仰和理想抱负的、愿意为革命事业献身的有志之士。

除此之外，文化对语言运用的制约还体现在文化在一定程度上制约着语言使用者的思维方式和表达方式。例如，中国古代文明的发源地之一是位于黄河中下游的中原地区，当时以农耕为主要的生产方式，而"牛"这一动物是生产活动中的重要工具，因此"牛"与人们的日常生活关系密切。这种关系体现在语言中，就是汉语中产生了很多带"牛"字以及与"牛"的表达相关的词语，如吹牛、牛脾气、牛角尖、九牛一毛、牛头马面、牛气冲天、牛郎织女等。西方国家起源于游牧民族，因此"马"成为西方人生活中比较重要的动物。在这种文化的影响下，英语中产生了一系列与"马"相关的短语。例如：

talk horse——吹牛

a willing horse——工作认真的人

work like a horse——像老黄牛一样拼命干活

as strong as a horse——强壮如牛

come off high horse——放下架子

buy a white horse——浪费钱财

综上所述，语言是文化的一部分，语言时刻反映着文化，文化需要语言来承载、传播和传承；语言与文化相互作用、相互影响。语言不能脱离特定的文化而单独存在，文化的传播与发展也离不开语言。因此，语言与文化相互依存、密不可分。

第五节　翻译与文化的关系

一、翻译促进文化的交流与融合

自从人类社会产生语言、文化以来，不同群体之间的信息传达与沟通、文化交流与融合，大多依托翻译来进行。翻译如同一张看不见的网，将不同民族、不同地域的文化编织在一起，在不同民族文化的交流中扮演着重要的角色。不论哪一个国家或者民族，只要想与语言不通的其他国家或者民族联系，就都需要借助翻译的力量，否则就无法沟通思想、交流文化，从而阻碍自身的发展与进步。翻译在中国文化的发展过程中起到了推动作用，这主要表现在翻译在中国的五个历史时期推动了文化的发展。

第一个时期是佛经翻译时期。佛经翻译推动了佛教在中国的传播与发展。来自印度的佛教文化的传播催生了中国文化历史上首次大规模地、系统地接受外来文化、融合外来文化的活动。佛教思想经过长年累月的发展，逐步进入中国文化的灵魂深处，反映在价值观、文学、社会风俗等各个方面。

第二个时期是明末清初翻译时期。这一时期翻译家们较为突出的贡献是将西方先进的科学技术引入中国，还翻译了大量的外国文学作品，丰富了我国的文学种类，促进了文化的繁荣发展。

第三个时期是对社会科学和文学进行翻译的时期，以严复、林纾为代表人物。严复专门翻译西方的社会科学和文学思想，林纾唱和严复的翻译思想，将翻译视为救国实业，希望人们通过学习西学思想，反思中国文化存在的弊端，寻求救国的道路。他们二人的译作推动了中国文化的觉醒，促成了近代中国文化的革命。

第四个时期是 1915 年开始的新文化运动时期。在这一时期，为了引进西方的文学思想，发展新文学，翻译家们将来自英国、法国、苏联等欧洲国家的文学著作通过翻译引入中国，为新的文化表现形式的诞生奠定了基础、提供了借鉴——鲁迅的《狂人日记》就是一个很好的例子。

第五个时期是 1949 年中华人民共和国成立之后到"文化大革命"前的 17 年时间。这一时期的翻译活动受国际形势和我国外交政策、国内文化发展政策等多方面的影响，主要集中在介绍和评价苏联和亚非拉国家的文化、文学上。由于我国在这一时期引进了大量的苏联文学作品，苏联的文化思想和文学创作手法对中华人民共和国成立初期的文化发展的影响最为深刻。可以说在 1980 年以前，中国的文化发展乃至人们意识形态的培养和塑造或多或少地有苏联文化的影子在其中。

二、文化影响翻译的内容

翻译这种语言符号转换活动不仅针对语言的变换，还注重文化的影响。文化的两面性和三个文化因素影响着翻译的内容。其中，文化的两面性对翻译内容的影响主要体现在以下两方面：

第一，文化具有共同性，因为大部分文化包含的内容都有相通之处，这些相通之处就是翻译的基础。

第二，文化具有多样性，文化的多样性为翻译活动的顺利进行增加了难度。

文化影响翻译的另一重要体现就是三个文化因素对翻译内容的显著影响。这三个文化因素是指知识文化、观念文化和隐性文化。在汉英翻译的实践过程中，译者要时刻注意这三个文化因素在翻译内容上的作用和影响。

（一）知识文化

知识文化包括生活习惯、生活环境、物质生产、科技、文教等背景知识。这些知识内容在源语中是人们非常熟悉甚至尽人皆知的，但被翻译成目的语时，可能需要进一步的文化解析。接下来，我们以生活习惯知识、生活环境知识和物质生产知识为例进行分析。

1. 生活习惯知识

在中国的传统文化中，人们对饮食非常重视，因为在古代，吃饭是人们生活中的头等大事，所以人们在日常见面打招呼时喜欢问对方"吃了吗？"以此达到问候和寒暄的目的。在现代社会，人们问这个问题的初衷发生了变化，问"吃了吗？"并不是真的想知道对方有没有吃饭，而只是想跟对方简单地打个招呼。如果要将其翻译成英语，则大可不必翻译为"Have you eaten your meal？"之类的话，翻译成"How are you？"即可。

中国文化中还有很多由"吃"引申出来的词语，这些词语在英语中不能直接按照字面意思翻译，而是要根据其内涵进行意译。例如：

饭桶——good for nothing
吃香——be very popular
吃不开——be unpopular

2. 生活环境知识

不同的民族生活在不同的国家和地区，由于生活环境有所差异，人们形成了不同的文化，积累了不同的知识。例如，耕牛在中国古代的农村生活中占有重要地位，因为耕牛是农民耕地的好帮手。因此，汉语创造了许多与"牛"相关的词语，赋予了"牛"特殊的文化内涵。比如，形容人大口喝水会用"牛饮"。而在英国，由于人们傍水而居，生活环境中鱼类很多，所以会用 drink like a fish 来形容人大口喝水。

居住环境是生活环境的重要组成部分，而房屋建筑是居住环境必不可少的元素。在中国的传统文化中，房屋建筑文化独树一帜，内涵丰富，由此产生了不少有特色的语言表达。例如：

美轮美奂——tall and splendid

大门不出，二门不迈——never leaves the house to make contact with outsiders

雕梁画栋——carved beams and painted rafters—a richly ornamented building

3. 物质生产知识

物质生产活动是人类开展其他活动的保障和前提，多种多样的物质生产活动丰富了人们的精神和物质生活，产生了不同的文化。英国临近海边，航海事业的发展历史悠久，与航海相关的文化内容丰富，很多独特的语言表达也与海洋、航海有关。例如：

in full sail——全力以赴

all at sea——不知所措

sail before the wind——取得成功

trim the sails to the wind——顺势而为

畜牧业的发展对英语语言的影响也很大。例如，英语中有很多与"羊"和"羊毛"有关的习语：

follow like a sheep——盲目遵从

sheep without a shepherd——乌合之众

lose one's wool——发脾气

like a sheep to the slaughter——陷入险境而不知

as a sheep among the shears——人为刀俎，我为鱼肉

与英国不同的是，中国是一个农业大国，因此有很多与农业生产有关的习语，这些习语囊括了气候、农作物、耕作方法等与农业生产息息相关的话题。例如：

精耕细作——intense and meticulous farming

麦秀两歧——good year brings a good harvest

日出而作，日落而息——work from dawn to dusk

拽耙扶犁——engaged in agricultural activities, farm as a profession

（二）观念文化

观念文化的内容包括宇宙观、宗教信仰、艺术创造、认知方式、思维方式和价值观等。其中，价值观是文化体系的核心。中西方由于在民族和文化方面存在差异，在价值观方面也存在较大的差异。这些差异所造成的误解是首先需要解决的。例如，汉语和英语文化中对相同概念的表达各不相同，在对两种语言进行互译时，译者需要注意表达方式的转换。例如：

百闻不如一见——seeing is believing

有志者，事竟成——where there is a will, there is a way

过犹不及——going too far is as bad as not going enough

功夫不负有心人——everything comes to him who waits

同一客观事物在不同的文化中承载着人们不同的情感，能引起人们不同的联想。在不同的语言文化中，人们赋予同一动物形象不同的内涵。例如，狗是英语文化中受人喜爱的动物，被认为是家人，是朋友，其在英语文化中有很多褒义表达。例如：

lucky dog——幸运儿

a gay dog——一个快乐的人

love me, love my dog——爱屋及乌

a cat and dog life——争争吵吵的日子

又如，英国有一位首相曾经发言：

I am an old dog, but I am still thinking about working for the peace and development of the world...

我已经老了，但我仍然想着要为世界的和平与发展而工作……

如果将"I am an old dog"翻译成"我是一只老狗"，显然不符合原文表达的意思。结合西方文化中狗的内涵，译者应这样理解这句话：首相说自己已经老了，年龄大了。如果译者不能及时反映出这类词的文化差异，翻译出来的句子就会引起误解。

（三）隐性文化

口译作为翻译的一种，是一种实时的跨文化交际行为，是特定语境下的文化传播行为。在口译活动中，译者除了要注意较为明显的知识文化因素和观念文化因素对翻译的影响，还要注意隐性文化因素在翻译中的作用。隐性文化因素的误译往往会引起交际误解，造成不良的交际影响。隐性文化因素包括一些礼节性的场面话、客套话。众所周知，中国自古就是礼仪之邦，讲究文明、礼仪、谦让，尤其在接待客人或举办大型活动时，会说一些礼节性的场面话。这些话一般根据具体语境灵活翻译，而不是采用直译方法进行翻译。

例如，当来自西方国家的专家受邀参观或者拜访中国的公司或组织时，中国的接待人员在介绍完参观项目时喜欢客气地询问来访者的感受或意见："您认为哪里有需要改进的地方？请提供宝贵意见。"在翻译这句话时，译者不能直接将宝贵意见翻译为 valuable opinions，因为来访者会认为如果真的提了意见就说明自己不够谦虚，好像是在说"Yes, my opinions are valuable, please listen carefully."（对，我的意见比较宝贵，请认真听）。此时，为了显示自己有礼貌，他们就会表示自己没有什么意见。因此，在这种情况下，这句话应翻译为"Your opinions will be appreciated！"或"Please share your advice with us and we would appreciate it very much！"（您提的意见我们会尊重并认真考虑的）。

中国人在接待客人时往往准备得比较认真，尤其是外国友人来访时，各方面安排得都比较细致，基本上是把自己最好的一面呈现给客人，希望客人获得良好的参观体验。但当外国友人对中国人的接待工作感到满意并表示感谢时，中国人经常给出谦虚的回复，如"招待不周""准备工作做得不够好""如有不周之处，还望海涵"之类的话，或者直接表示"这是我们的工作，是我们应该做的"。这类场面话在中国文化中表示谦虚和客气，如果直接翻译出来，来访者领会到的意思与接待者想要表达的意思就可能大不相同，有时甚至会产生误解，认为接待者真的没有用心招待自己。例如，将"这是我们的工作，是我们应该做的"直接翻译为"This is our work, we must do this."就会显得有些官方和生硬，给对方一种"你是出于工作而不是真心想为我服务"的感觉。译者此时应考虑西方文化中回复感谢的表达重点，用"It's my pleasure."或"Glad I could help."进行回复。

又如，在送别客人时，中国人和西方人都会跟客人说："有时间再过来看我们啊！"（Come and see us sometime.）在这一点上，中国人和美国人都是在表示客气，不是真的在邀请，在计划客人下次什么时候来。而在澳大利亚文化中，一旦主人发出这种邀请信号，客人就要认真考虑下次什么时候去拜访。这种文化差异产生的原因是各个民族具有不同的礼貌文化、不同的民族性格和用词习惯。因此，翻译活动要根据具体的交际情境来开展，而且译者应不断丰富自己的跨文化知识、培养自己的跨文化意识。

第二章 文化翻译概述

语言是文化的载体和组成部分，每一个语言文本都反映了一定的文化现象。翻译本质上是一种跨文化交际活动，而不同民族文化的差异性为翻译工作带来了很多问题与困难，这就要求译者对两种语言的文化都有较深的理解。基于以上现状，翻译学设置了一个重要的研究课题，那就是如何理解文化翻译以及如何研究文化翻译。

文化翻译课题所研究的领域目前还没有定论。一般认为其主要包含两个层面的内容：一是翻译影响文化，二是文化影响翻译。本章首先分析文化翻译的概念，其次探讨中西方不同的翻译观，最后论述文化翻译的原则、方法与策略。

第一节 文化翻译的概念

一、文化翻译的来源

要了解文化翻译的概念，首先就要清楚文化翻译的来源。在西方的翻译研究史上，奈达和纽马克等翻译理论家曾提出翻译应注重目的语语境和目的语文化因素的观点，这是最早的有关文化翻译的概念。从本质上来看，奈达、纽马克等认为翻译研究整体上归属于语言学的范畴，他们没有以文化的视野观照整个翻译活动，但他们已经把文化作为语言学研究方法的一个补充因素。

具体分析，文化翻译实际上是奈达和纽马克提出的翻译理论的一种表现形式。例如，奈达等人根据自己翻译《圣经》时的感受和体验，将文化翻译理解为"把原文的内容或原文中明白无误的语言信息进行调整后转换为符合译入语文化习惯的表达"。[①]事实上，翻译中的文化问题不仅引起了西方翻译学界的关注，还曾出现在中国的传统翻译理论中。早期的翻译家提出"对等""化境"等翻译方法的最终目的就是解决翻译中的文化问题。因此，"文化翻译"概念的提出，是 20 世纪初以来人类学发展的成果，更是几千年来中外翻译家对翻译作为不同民族间文化交流手段的感性认知。

二、文化翻译的定义

文化与翻译有着密切的联系，文化翻译更是一个热门的话题。不过在频繁地使用与讨论过程中，文化翻译的定义还没有确定下来，本书将参照以往学者对文化翻译的理解来论述文化翻译的定义。

对于文化翻译的定义，翻译学界的学者们纷纷阐述了自己的观点。在中国当代的翻译学家中，王佐良先生是较早提出"应将文化与翻译结合起来"观点的代表人物，他于 1984 年和 1985 年分别发表了《翻译中的文化比较》《翻译和文化繁荣》两篇论文。这两篇论文都明确提出要研究翻译理论，就应考虑文化和语言这两项因素。他强调，译者在翻译过程中不仅要关注语言问题，还要重视文化问题；对等翻译理论中真正的对等应该是两种语言在各自语言文化中的作用、意义和感情都是相同的。[②]

在王佐良先生之后，中国翻译学界还有一些学者论述了文化翻译的定义，以下是一些具有代表性的定义。

文化翻译的任务并不是翻译文化，而是翻译承载着文化信息的意义。[③]

——刘宓庆，1999

文化翻译是基于文化研究的语境，对翻译进行考察，即对文化及语

---

① NIDA E A. 语言与文化：翻译中的语境 [M]. 上海：上海外语教育出版社，2001：78-86.

② 王佐良. 翻译中的文化比较 [J]. 中国翻译，1984（1）：2-6.

③ 刘宓庆. 文化翻译论纲 [M]. 武汉：湖北教育出版社，2005：78.

言的表层结构与深层结构加以研究，探索文化与翻译之间的关联性与客观规律。①

——谢建平，2001

　　文化翻译是翻译的文化再建构，作为一种文化现象，翻译应从仅限于字面形式的翻译逐步拓展为文化内涵的翻译，即形式转换与内涵能动性阐释。②

——王宁，2006

　　通过对以上定义进行比较分析可以发现，人们对文化翻译的定义和文化翻译内涵的理解并不相同。例如，学者刘宓庆是从翻译对象而不是翻译方法的角度出发界定文化翻译的，因而没有正面意义或负面意义的说法。学者谢建平对文化翻译的研究既不是从翻译对象的角度出发，也不是从翻译方法的角度展开，而是从文化角度出发分析翻译研究理论体系的构建。学者王宁的文化翻译观属于阐释性的文化翻译观，她将文化翻译等同于翻译的文化再建构，因而此处的文化翻译只是翻译的一个角度。

　　由翻译学家方梦之主编的《译学辞典》对文化翻译的定义强调以下两点：

　　第一，强调视角问题。通过对文化内涵的表达，从本土文化视角出发，对源语文本进行重新阐述，即用目的语语言的表达形式表达源语文本中的文化内容。译者是否重视文化内容的翻译主要取决于两点：一是译者是否较好地掌握了这两种语言，二是译者是否注意到这两种语言在内容表达层面所存在的细微差异。

　　第二，参照奈达对文化翻译的观点并展开进一步论述，即在翻译过程中，将源语文本中某些无法直接翻译为目的语的内容视为翻译的补充，这些补充可能是目的语中没有的东西，也可能是源语中独有的文化背景资料。

　　此外，学者蔡平阐述了文化翻译的八大内涵，如图2-1所示。

---

①　谢建平.文化翻译与文化"传真"[J].中国翻译，2001（5）：6-9.

②　王宁.文化翻译与经典阐释[M].北京：中华书局，2006：3.

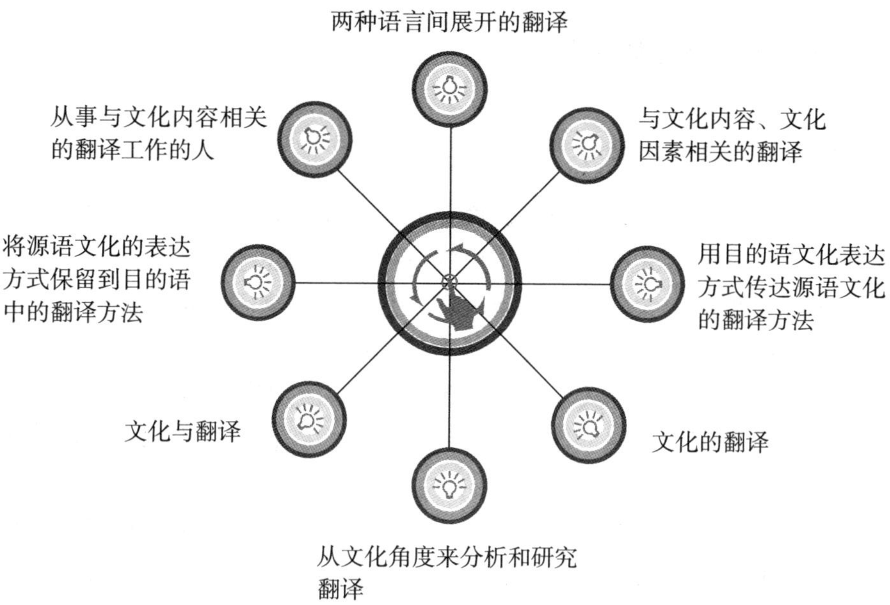

两种语言间展开的翻译

从事与文化内容相关
的翻译工作的人

与文化内容、文化
因素相关的翻译

将源语文化的表达
方式保留到目的语
中的翻译方法

用目的语文化表达
方式传达源语文化
的翻译方法

文化与翻译

文化的翻译

从文化角度来分析和研究
翻译

图 2-1　文化翻译的八大内涵

　　根据以上介绍和分析，我们可以看出，不同学者对文化翻译的不同定义源自其所选研究视角的差异。此外，文化翻译概念也可以从广义和狭义两个层面区分。在广义层面，文化翻译是一种文化翻译成另一种文化的过程，目的是促进文化之间的沟通与交流，实现社会群体之间的平等对话。在狭义层面，文化翻译就是对源语文本中存在的文化因素及其他文化内容的翻译。

第二节　中西文化翻译观

　　伴随着中外翻译学界对文化翻译研究的逐步深入，中国和西方国家学者提出了很多具有代表性的文化翻译观。本节将从中国和西方国家的翻译研究角度出发，对文化翻译观展开讨论，以促进文化翻译活动的开展。

一、中国文化翻译观

（一）中国传统翻译思想

要了解中国的文化翻译观，就要先了解中国传统的翻译思想。中国的翻译活动具有悠久的历史，历史的沉淀和现代思想的碰撞产生了中国传统翻译思想的十大学说。这十大学说分别是支谦等人提出的古代文质说、严复提出的信达雅说、鲁迅提出的信顺说、郭沫若提出的翻译创作论、林语堂提出的翻译美学思想、朱光潜提出的翻译艺术论、茅盾提出的艺术创造性翻译思想、傅雷提出的神似说、钱钟书提出的化境说、焦菊隐提出的整体论。

这十大学说既相互关联、相互影响，又具有自身的独立特征。本书仅从文化翻译的角度出发，选取其中具有代表性的三大学说进行介绍、分析。

（二）中国三大文化翻译观

本书认为，中国具有代表性的三大文化翻译观分别是严复、鲁迅和林语堂提出的文化翻译观。

1. 严复的文化翻译观

严复提出的信达雅理论在中国的翻译学界可谓无人不知、无人不晓。虽然信达雅理论在中国翻译学界有很高的地位，但人们对这一理论的争议却从未停止。究其原因，主要在于"信""达""雅"这三个字比较简洁，严复没有对这三个字所阐述的翻译观进行科学、严谨的界定与论证，因此给人们留下了广阔的阐述和理解的空间。

信达雅理论一直有其支持者和反对者，支持者又分为完全支持者和部分支持者。

完全支持者认为，该理论是正确的、没有任何问题的，对翻译实践活动的开展具有较好的指导意义。

部分支持者则认为，该理论有合理之处与不合理之处，其中合理之处在于"信"或"信""达"可以作为翻译的标准，不合理之处在于"雅"

不能作为翻译的标准。

反对者认为，该理论较为空洞，没有论证，不太科学，因而对翻译实践活动没有指导作用。

本书将从信达雅理论提出的历史背景和语言文化环境出发，即从文化翻译的角度出发，对其进行分析论证。要分析"信达雅"理论的文化含义，就要先思考该理论的本质含义和"信""达""雅"三项翻译要求之间的关系。通过观察可以发现，"信达雅"理论中"信"居于首位，由此我们可以得知，严复认为翻译首先要做到"信"，即对源语文本的思想内涵进行准确的、忠实的翻译；"达"居于第二位，即在准确、忠实的翻译的基础上考虑语句是否通顺的问题，因为语句的通顺也影响着读者对译文的理解；"雅"居于第三位，对于这个字，人们的理解并不同。①

有的学者认为信达雅中的"雅"仅指汉代之前的字法和句法，是传统的、过时的，不符合现代的翻译要求。本书认为，这样的理解并不完全准确，我们应该从历史的角度分析和把握"雅"的含义。在严复当时所处的语言环境下，汉代之前的字法和句法被认为具有"雅洁"特点，"雅洁"为高雅、简洁、严肃之义。译者只有在抓住原作思想精髓的基础上用雅洁的文字、雅洁的叙述将其表达出来，才能使译文显得高雅、严肃、值得信服。如果译者使用"利俗"的文字，翻译出来的译文就不会受到读者的重视。因此，信达雅中的"雅"是严复经过仔细推敲而得出的经验总结，从这里也能看出他翻译的目的在于引进、介绍西方思想，赢得当时士大夫阶层的关注和信任，从而推进改革的实施。

综上所述，严复的信达雅理论体现了文化翻译的思想和理念，对翻译实践活动的开展起着重要的指导作用。严复的文化翻译思想主要体现在以下两个方面：

（1）提出信达雅理论。严复提出的信达雅理论中的"信"是对源语文本思想内容的忠实，这是翻译基本的要求和标准；"达""雅"则是严复在对比当时英汉语言文化的特点与社会现状之后提出的，是具体的翻译方法。也就是说，"达""雅"是严复为了实现自己的翻译目的而对译

---

① 严复．天演之声——严复文选 [M]．牛仰山，选注．天津：百花文艺出版社，2002：147-152．

语文本展开的语言文化调节。

（2）翻译目的明确。严复文化翻译思想的另一体现就是严复在当时的社会环境下率先看到了西方国家的先进之处，其不仅体现在社会制度与科学技术层面，还体现在思想观念层面，因此中国要想进步、要想富强，就应有人引进和介绍西方先进的思想文化。

2. 鲁迅的文化翻译观

鲁迅在对历史上的佛经翻译进行批判继承与发展的基础上，结合自身对清朝末期社会科学与文学翻译理论的研究，创造了独特的翻译理论。作为一名翻译家，鲁迅曾发表过不少翻译理论著作。直到今天，鲁迅的翻译思想仍是中国传统翻译理论的重要组成部分，并得到了很多学者的认同。鲁迅对中国传统翻译理论的贡献主要体现在以下三个方面：

（1）鲁迅提出信为主、顺为辅的翻译思想。鲁迅认为，翻译应该"以信为主，以顺为辅"，此处的"信"指的是忠实于原著，"顺"指的是语句通顺。[①] 鲁迅反对只顾语言通顺而不忠实于原著的翻译。除此之外，鲁迅还认为，在开展翻译活动的过程中，译者不仅要翻译新的内容，还要尝试翻译新的表现手法，而这样做会产生两种结果：一种是译文中不通顺的部分变得通顺起来，另一种是无论如何也不通顺的部分逐渐被淘汰。[②]

鲁迅还阐述了自己对当时存在的硬译翻译法的看法。鲁迅认为，译者在进行翻译活动时，应学会参照中国翻译的历史经验，学习其中的有益做法，通过实践运用进行理解、消化；传承可用之处，摒弃无用或错误的做法。[③] 对于硬译中存在的借鉴源语表达方式后出现的新鲜的句法，读者可能会感到不适应，但随着使用频率的提高，这种新的句法就会逐渐被读者理解、接受；与此同时，那些实在生硬、难懂的旧式句法就应该舍弃。鲁迅既主张忠实与通顺，又主张使用新的表现形式，这体现了他的直译思想，但他也不反对采用意译法。

---

① 　鲁迅. 二心集 [M]. 北京：人民文学出版社，1973：153-173.

② 　鲁迅. 二心集 [M]. 北京：人民文学出版社，1973：153-173.

③ 　鲁迅. 二心集 [M]. 北京：人民文学出版社，1973：153-173.

　　（2）鲁迅提出"易解、丰姿"双标准论与"移情、益智"双功能说。"易解、丰姿"双标准论与"移情、益智"双功能说是鲁迅翻译理论的核心内容，前者是翻译的标准，后者是翻译的功能。鲁迅曾表示："译者在动笔之前，要先思考一个问题，是要归化翻译内容，还是要尽量保留翻译内容的风姿与洋气。鲁迅认为这两个因素都要考虑，如果只要求容易看懂，还不如自己创作或直接改掉源语文本的内容，把书中描写的故事换成中国的故事，把书中的人物化为中国的人物。译者在翻译之前要对外国的作品进行全面的了解和把握，翻译不仅要做到让人产生共情，还要促进读者智力的开发，至少要知道什么时候发生了这件事，这就是所谓的洋气。"[①]

　　事实上，世界上没有能完全归化的译文，即使有，那也不能叫作翻译。只要是翻译，就要兼顾两个层面的内容：一个层面是容易理解，另一个层面是保留原作的风格色彩。但这两者往往是互相矛盾的，因为读者更容易理解自己语言文化语境下的表达，原作的语言风格和表达方式对其来说往往是新鲜的内容，所以需要一个理解和适应的过程。

　　鲁迅的"易解、丰姿"双标准论不仅要求通顺，还要求忠实。但此处的"忠实"并不完全等同于"信达雅"中的"信"。从本质上讲，这个"忠实"是广义层面上的"信"，即翻译从内容到形式都要忠于原作，这是一种整体、全面的忠实。

　　（3）鲁迅关于重译和复译的理解。重译和复译是鲁迅提出的两个重要的翻译思想，这两个思想击败了当时的胡译、乱译之风，促进了我国翻译事业的健康发展。重译即转译，如想要把德语翻译成汉语，译者不直接翻译，而是先把德语翻译成英语，然后再将英语翻译成汉语。重译有一个先天的弱点，即使用其他文字译文进行转译的方法无形中使原作与译作之间隔了一层，这就给译者设置了双重阻碍。鲁迅强调应直接将原文文本翻译成想要的译文，这既是对原文作者的尊重，也是对读者的爱护。[②]翻译学界的后人正是以这一思想为指导，翻译出一个个优秀的作品，进而为我国的文学翻译事业做出了突出贡献。

---

① 　鲁迅. 且介亭杂文二集 [M]. 上海：上海三闲书屋，1937：63-78.

② 　鲁迅. 鲁迅全集 [M]. 北京：人民文学出版社，2005：531.

对于复译翻译方法，鲁迅的观点是，即使现在已经有较好的翻译版本存在，进行复译也是很有必要的。[①] 译者进行复译的方法是在采用合适的翻译方法的同时，吸取旧译本的优秀之处，翻译出一种近乎完全的定本。但现实是，随着时间的流逝和时代的变迁，新的翻译人才不断被培养出来，新的译本也会不断出现，一劳永逸、不需要复译的译本几乎不存在，只能说存在更接近原著作的定本。复译的重点在于译者要有创新精神，要敢于突破传统、敢于超越前人。这说明了一个道理，即人类的文化是后人在前人所创造的文化的基础上不断创新、发展而来的。

3. 林语堂的文化翻译观

林语堂在他的长篇论文《论翻译》中介绍了他的系统性翻译思想，影响了很多翻译家。本书将从翻译标准和审美问题两个角度出发，对其翻译思想展开介绍和论述。[②]

（1）翻译的忠实标准。在翻译标准这个问题上，林语堂提出了三个原则：忠实、通顺、美。与此同时，他用三个问题和三重责任观点论述了这三个原则。

三个问题：译者对待中文译文层面的问题、译者对待外文原作的问题、翻译与艺术层面的问题。

三重责任：译者对译文读者的责任、译者对外文原作作者的责任、译者对艺术的责任。

在忠实、通顺、美这三大原则中，林语堂着重论述了忠实原则，这主要受当时我国翻译事业发展环境的影响。当时翻译界曾掀起一场关于直译好还是意译好的激烈争论。面对这场激烈争论，林语堂提出了自己的想法。他提出译者对原作的忠实程度可划分为四个等级：一是直译，二是死译，三是意译，四是胡译。[③]

其中，死译是直译的极端表现，胡译是意译的极端表现，这两种翻译方法因过于极端而不可取。对于直译和意译两种翻译方法的名称，林语堂

① 鲁迅. 且介亭杂文二集 [M]. 2 版. 北京：人民文学出版社，1993：57-60.
② 王燕. 文化转向视角下的英汉翻译问题再审视 [M]. 长春：吉林大学出版社，2020：100-105.
③ 林语堂. 语言学论丛 [M]. 大同：文星书店，1967：325-343.

提出了自己的看法，他认为这两个名称虽然方便使用，但并不准确，容易使人产生误解。① 林语堂因对直译和意译的概念不能完全认同，所以提出了字译和句译的说法。他把译者对语言文字的翻译方法分为两种：以字为主或以句为主。具体分析，字译就是字字对应的翻译方法，句译就是把句子看作一个整体进行翻译的翻译方法。林语堂主张通过句译展开翻译。

回到对忠实问题的论述，林语堂不认可运用字典逐字翻译的做法，觉得译者应采用句译方法进行翻译。当然，前提是译者需要具备深厚的语言功底和语文基础。此外，他认为忠实的翻译不仅要做到意思上的表达准确，还要做到传神。② 因为译文的使用不仅是为了传达意向，还是为了互通情感，让读者体会到作者蕴藏在原文中的真情实感。林语堂在强调忠实原则之后，还客观地指出，绝对的忠实是不存在的，因为译者在翻译过程中无法同时兼顾音、形、神、意等各个层面。③

（2）翻译的审美问题。在对翻译问题进行研究时，林语堂尤其关注翻译的审美问题。他认为翻译不仅要注意忠实和通顺，还要注意审美。对于翻译的审美问题，他认为其主要包含三个层面的内容。④

①翻译是一门艺术。因为翻译的对象是语言，而语言的表达是一门艺术，文学作品更是语言艺术表达的集中体现，因此译者在翻译小说、散文等文学作品时，除了要保证忠实、通顺，还要特别关注原文作品艺术美以及译文作品艺术美的展现。

②文学翻译应注意以下三个层面的问题：

首先，译者要重视原作风格的展现。译者要像重视原作内容一样重视原作的风格。林语堂认为，一部优秀的文学作品，其风格是吸引读者的一个要素，因此译者应明确理解原作的风格，然后在此基础上进行模仿。译者要忠实地对原作的风格进行再现。作为翻译和审美的主体，译者应具备与原作者同等或类似的知识水平、鉴赏能力甚至气质性格。

其次，译者要考虑原文的文字体裁对译者的要求。文字体裁一般分为两种，即外部体裁和内部体裁。外部体裁属于原文文本语言的外在形

---

① 　林语堂.语言学论丛 [M].大同：文星书店，1967：325-343.

② 　林语堂.语言学论丛 [M].大同：文星书店，1967：325-343.

③ 　林语堂.语言学论丛 [M].大同：文星书店，1967：325-343.

④ 　林语堂.语言学论丛 [M].大同：文星书店，1967：325-343.

式，主要包括句式的长短、作品的格式、作品的题材等内容，对译者来说是比较容易把握和了解的。内部体裁则是原作语言之外的风格、神韵等较为抽象的内容，能体现出作者的个性，因而是不太容易把握的。林语堂在强调译者要想展现原文内部体裁应具备什么样的素质的同时，也客观地阐述了其难度，还创造性地提出了新的翻译方法，那就是保留原文表达，不翻译。这一方法在今天仍具有理论和实践两个层面的重要意义。

最后，翻译就是一种创作。这一观点源自外国翻译家克罗齐的"翻译即创作"的说法，林语堂比较认同这一说法，即翻译的过程就是再度创作的过程，译者在翻译过程中应投入自己的时间、经历、技巧和感情，这样才能翻译出引起读者共鸣的优秀作品。

③艺术类文学作品是不能翻译的。艺术类文学作品的魅力，只有掌握这门语言的人才有可能理解和体会。林语堂在强调艺术类文学作品不能翻译的同时，特别指出了诗歌类文学作品的不可翻译性。林语堂认为诗歌翻译较为重要的是意境的翻译，而诗歌意境的体现在于字词的选用。① 因为不同语言、不同作者创作的诗歌具有自己独特的风格、意境和韵味，其用字之精妙是很难复制的。

二、西方国家文化翻译观

自 20 世纪 70 年代开始，西方国家的翻译学界陆续出现了翻译文化转向的热潮，佐哈尔、图里等学者纷纷提出了自己的文化翻译观。这些翻译观的提出对翻译学界而言是一个巨大的进步。接下来我们就对这些翻译观展开具体的分析和论述。

（一）佐哈尔的文化翻译观

20 世纪 70 年代，佐哈尔提出了多元系统理论，该理论的主要研究对象是文学作品。佐哈尔认为以往将文学作品作为独立个体展开研究的方法是错误的，应将文学作品视作整个文学系统来进行研究。② 文学系

---

① 林语堂.语言学论丛 [M].大同：文星书店，1967：325-343.
② 埃文－佐哈尔，张南峰.多元系统论 [J].中国翻译，2002（4）：19-25.

统是一个受其他程序影响的文学秩序功能系统，该系统的最大特征在于它是动态的、不断变化的。与此同时，翻译文学也需要作为一个系统来运作，运作形式体现在以下两个方面：

（1）目的语文化应选择哪些作品翻译。

（2）翻译规范、行为和政策受到其他并存系统的影响。

佐哈尔以多元系统这一具有涵盖性的概念强调了大部分系统之间的关系。多元系统本身是一个具有众多层次、种类的系统集合体。这些系统之间的关系是：如果最高层面的系统被一个新的文学类型取代了，那么与之相对的最低层面的系统就可能被保守文学类型取代。当保守文学类型处于最高层次时，创新文学类型就可能处于最低层次，否则整个系统就会处于一种停滞的状态。通常情况下，这种现象是不存在的，因为这个系统是一个不断变化的系统。由于受该系统的动态特征的影响，翻译文学在多元系统中的地位会不断改变，有时是主要的，有时是次要的。

当翻译文学在多元系统中居于主要地位时，它就有可能影响多元系统的塑造和运行，即翻译文学很有可能发挥它的革新作用。但当翻译文学在多元系统中居于次要地位时，它就是多元系统中的边缘系统，边缘系统一般无法直接影响中心系统的运转，它甚至会作为一个保守因素，对传统的形式加以保留。事实上，翻译文学经常处于多元系统的边缘地带，这是其存在的正常状态。

（二）图里的文化翻译观

图里和佐哈尔是共同研究翻译的同事。图里认为，翻译首要的目的在于确定目标文化在社会与文学系统中的地位，这一地位决定着翻译策略的选择。[①] 基于这一观点，图里对佐哈尔的多元系统理论进行了深层次的研究，并创造性地提出了描述性翻译理论，这一理论引申出著名的三段式方法论，其具体内容如下：

第一，将文本置于目标文化系统内，分析其意义与目的语读者的可接受程度。

第二，比较原文和译文的转换，确认原文片段和译文片段的关系，

---

① 图里.描述翻译学及其他 [M].上海：上海外语教育出版社，2001：22-39.

尝试对潜在的翻译概念进行概括和总结。

第三，为今后的翻译策略提供启示。

在这个三段式方法论中，还有一个需要补充的步骤，就是重复进行第一阶段和第二阶段的操作，研究其他类似的文本。这样做的目的是充实语料库，从而从归纳的文学类型等角度出发，对翻译行为进行概括与描述。如此一来，人们就能够确定与每一种类型相适应的规范，最终创建出相应的翻译法则。

对于规范这一定义，图里是这样描述的：规范是某一社区所共享的普遍价值或观念转换成适当的且适用于特定情形的行为指南。[①] 这些规范很显然是针对某些社会群体逐渐形成的社会文化约束。同时，翻译行为也受此规范的制约，采用这些规范可以很好地解决实际翻译活动中出现的等值问题。在此过程中，需要注意的是，翻译的阶段不同，规范也会不同。

1. 初始规范

初始规范是指译者的总体选择，其具体内容如图 2-2 所示。

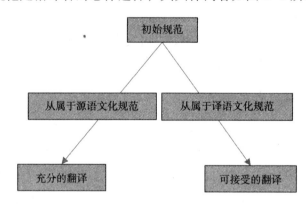

图 2-2　图里的初始规范示意图

图里的初始规范示意图表明，译者有两种文化规范可供选择。这两种文化规范分别是源语文化规范和译语文化规范。如果译者选择的是源语文化规范，那么译语文本将是充分的；如果译者选择的是译语文化规

[①]　图里. 描述翻译学及其他 [M]. 上海：上海外语教育出版社，2001：55.

范，那么译语文本将是可接受的。充分性和可接受性是一个连续统一体，因为翻译从来就不可能完全充分或彻底可接受。

2. 预备规范

预备规范指影响文本选择的规范。预备规范的具体内容如图 2-3 所示。

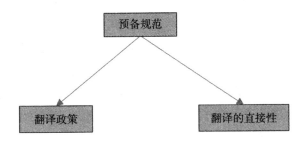

图 2-3　图里的预备规范示意图

预备规范包括两个方面的内容：一个是翻译政策，另一个是翻译的直接性。此处的翻译政策指的是在特定语言文化中选取哪些文本来翻译的决定因素。翻译的直接性与翻译过程中除源语与译语之外的其他中介语有着密切的关系，其主要研究的是翻译过程中主要使用哪些语言，是否借助了中介语，译语文化是否同意运用中介语展开翻译。

3. 操作规范

操作规范是指对译文呈现的内容进行描述，其具体内容如图 2-4 所示。

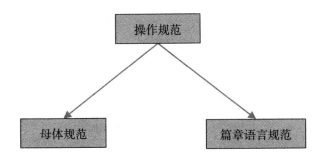

图 2-4　图里的操作规范示意图

操作规范主要包括两个方面的内容：一个是母体规范，另一个是篇章语言规范。其中，母体规范关注译文的完整性，如译文是否删节、重置段落或分割篇章，以及有无增补段落或注解；篇章语言规范则阐述译文对语言素材的选择，如译文中的短语、译文的文体特征等。

第三节 文化翻译的原则

文化翻译首先应该遵循的总体性原则就是文化对等原则，因为文化没有高低、优劣之分，译者开展文化翻译的主要目的应是传播不同民族的语言和文化，促进世界多元文化的沟通和交流。与此同时，在翻译的过程中，译者既是源语文本的接受者和理解者，又是目的语文本的创作者和传播者。这就需要译者在忠实于源语文本的前提下，本着文化使命意识以及对原作者和读者负责的态度，把握翻译的过程与方法，提高翻译的质量。具体分析，文化翻译的原则除了文化对等的总体原则，还包括以下八个方面的具体原则（图2-5）。

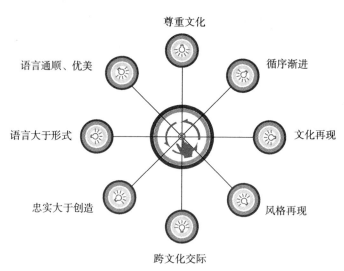

图 2-5 文化翻译的具体原则

一、尊重文化原则

文化翻译应把尊重文化作为首要原则和基本原则，这是因为翻译活动实际上是一种跨文化交流与传播活动，只有尊重对方的文化，才能顺利进行这一活动。具体分析，尊重文化的翻译原则对译者的主要要求是，译者应对翻译过程中的两种语言文化都有较好的认知和较深的理解，尤其能认识到两种语言文化的差异，然后发散自己的跨文化交际思维、利用自己的翻译技巧对源语文本进行准确、流畅的翻译。

二、循序渐进原则

文化的传播一般要经历认知、理解和接受这三个阶段，要想完成这三个阶段，需要一个漫长的过程，因此文化翻译还应遵循循序渐进的原则。循序渐进原则要求译者从文化传播和翻译实践的角度出发，不断提升自己的理解能力和文化感悟能力，在翻译过程中遇到两种语言文化差别较大的情况时，尽量准确地将其描述出来，在尊重不同文化、了解不同文化差异的基础上，有意识地输出中国优秀文化，从而帮助读者了解中国文化。

三、文化再现原则

在全球一体化和文化多元化发展的今天，翻译帮助不同民族的人进行跨文化交流的作用逐渐得到了更多人的认可。翻译的性质与翻译的任务决定了翻译的过程实质上是文化再现的过程，因此文化翻译需要遵循文化再现的原则。对于汉英翻译而言，文化再现能够使译语再现汉语文化的特色与内涵。例如：

原文：

人怕出名猪怕壮。

译文 1：

Bad for a man to be famed, bad for a pig to grow fat.

译文 2：

Fattest pigs make the choicest bacon, famous men are for the taking.

"人怕出名猪怕壮"来源于中国传统的语言表达形式——俗语，体现了中国文化的特色，具有丰富的文化内涵，在英语中没有与之相匹配的表达形式。这句俗语的意思是人一旦出名就会面临意想不到的困难和挑战，可能出名之后还不如出名之前过得幸福，就像猪长大、长胖之后就会难逃一死。译文1考虑到原文的文化内涵，将其引申的含义表达得活灵活现。译文2则采用了创译的翻译方法，但和原文在表达与情感色彩方面存在一定的差异。

四、风格再现原则

在开展文化翻译活动的过程中，遵循风格再现原则也是很有必要的。通常情况下，风格再现原则中的风格主要包括以下三个方面的内容。

（一）文体风格

文体不同，文章的风格也会存在差异，如小说、诗歌、散文等有着各自不同的特点。因此，译者在翻译过程中除了要注意体现两种语言的不同文化，还要再现源语文本的文体风格。以法律文体翻译为例，译者应注意体现法律语言和文体中严肃、正式的表达，切记不能将其翻译为口吻轻松的大白话，否则就失去了其法律意义。

（二）人物语言风格

译者在翻译过程中要注意翻译出不同人物的语言风格，因为人物的身份、地位、个性等方面的差异会引起其说话风格的差异，这种情况在文学文体中体现得最为明显。

（三）写作风格

译者在翻译过程中要先通读全文，了解作者的写作风格。因为每个作者都有自己独特的写作风格，或轻快，或简洁，或庄重，或华丽等，这些风格是作品魅力和作者个性的体现，因此译者有必要将其凸显出来。

五、跨文化交际原则

翻译是一种不同语言和文化之间的交流与传播活动，在这种活动的开展过程中，参与者有必要遵循跨文化交际的原则，从而实现不同语言之间的准确转换以及文化信息的传递。具体分析，译者在翻译过程中遵循跨文化交际原则时需要做到以下两点。

（一）突破语言的界限

译者在遵循跨文化交际原则时需要突破两种语言的界限，展现不同民族、不同地域的文化特色。译者在学习语言知识与翻译技巧的过程中应该注意把握不同文化的核心与内涵及其在语言中的体现，从而在翻译实践过程中以开放、包容的心态，创建多元文化交流的环境。

（二）尊重文化的多样性

民族文化是在特定的环境下孕育并成长起来的。因此，译者要站在不同语言文化产生环境的角度考虑翻译问题，根据翻译的目标，采用不同的翻译方法展现不同语言文化的特点。总而言之，就是要尊重文化的多样性。对于世界各国、各地区的各个民族而言，世界文化的多样性是一种文化常态，是不同文化背景下人们开展交往活动的前提与基础，因此译者要尊重文化的多样性。

六、忠实大于创造原则

在文化翻译的过程中，译者应做到尊重不同的语言文化。尊重语言文化的重要表现之一，就是在翻译的过程中尽量做到忠实，不随意对词语或短语进行删减或修改。需要注意的是，此处的忠实不是绝对的忠实，因为绝对的忠实是不存在的，坚持绝对的忠实只能造成"死译"，这不是翻译的最终目标。所谓忠实，指的是对原词语、短语或其表达的语义、意义等表层内容以及文化含义等深层内容进行如实、准确传达，而不是刻意追求两种语言在表达方式上完全一致。

然而，在具体的翻译活动中，由于汉语和英语在语言和语言文化上的差异，概念空缺、文化空缺的现象是经常存在的，因此译者不能拘泥于绝对的忠实，要在正确理解的基础上对源语进行一定程度的创造。尤其对诗词歌赋的翻译来说，对源语文本的创造还是对汉语审美价值的体现。此处需要强调的是，这种创造是基于语言文化的基本意义和文化内涵的，不是随意的空想或者毫无关联的事实扭曲。

七、内容大于形式原则

内容大于形式原则也可以称为"内容第一，形式第二"原则。此处，文化语言的内容指的是文化语言的基本含义、情感意义乃至文化内涵，文化语言的形式指的是语言在表达内容、内涵、意义时使用的语言外壳，如该词语或短语采取了什么样的修辞手法、使用了什么样的题材等。

具体分析，在文化翻译的过程中，译者应该把对源语内容的准确把控和精准传递放在翻译任务的首位。与此同时，译者应尽量保留源语的文本形式，这样才能更好地将源语的文化特色传递出来。但这样做可能会造成源语内容的变更，这时译者应当毫不犹豫地放弃原来的表达方式，选择以内容为主的翻译形式。形式的存在是为内容服务的，如果内容因为形式而改变，形式就失去了存在的意义，即使形式再完美，也不符合翻译的目的。例如：

原文：

失之东隅，收之桑榆。

译文1：

Lose where the sun rises and gain where the sun sets.

译文2：

What one loses on the swings one gets back on the roundabouts.

译文3：

What we lose in hake we shall have in herring.

"失之东隅，收之桑榆"是一个典型的汉语谚语，原指在某处先有所失，在另一处终有所得，后用来比喻开始在这一方面失败了，最后在另一方面取得胜利。以上几个译文翻译遵守了"内容第一，形式第二"的原则，把谚语的内容含义准确地表达了出来，传播了中国的文化。

八、语言通顺、优美原则

译者在翻译过程中需要遵循语言通顺、优美的原则，这意味着译者不仅要做到内容准确，还要注意译文的通顺性，并在此基础上考虑文化因素的影响，尽量做到文笔优美、文采斐然。

（一）保证语言通顺

译者要想保证译文的语言通顺，需要从以下六个方面入手。

1. 确定主语

由于汉英两种语言文化存在差异，所以主语在句子中的位置和作用也不相同。具体分析，在英语语言文化中，句子的主语是较为重要的，主语决定了整个句子的语法结构；但在汉语语言文化中，主语的重要性较低，话题或事件是决定句子构成的主要因素。译者在翻译过程中要根据目的语语言文化的习惯确定句子的主语，以保证译文语句通顺。

2. 注意动词

无论是汉语还是英语，都注重动词的选择与应用。在翻译过程中，译者首先需要理解动词的含义，然后根据翻译要求选择合适的动词，以保证表达的准确性与流畅性。

3. 注意动宾连接

译者在翻译动宾短语时，可以先确定宾语的成分，宾语不同，谓语的选择也会不同。译者需要思考如何组合谓语与宾语，以达到最佳的翻译效果。

4. 注意时态

汉语中的动词没有时态变化，这一点与英语有所不同，译者在将汉语翻译为英语的过程中要时刻注意时态的变化。

5. 注意 of 的使用

很多译者在汉译英的过程中一看到有关"……的"的表达，就下意识地翻译为 of。在英语中，of 的确表示从属关系，但汉语中的"……的"不仅表示从属关系，还表示包含关系，如"这个手机的屏幕"。对此，译者在翻译过程中要根据句子的主语进行灵活翻译。

6. 注意连接原则

汉语是一种注重意合的语言，英语是一种注重形合的语言。在翻译过程中，译者要想保证译文的逻辑通顺，应适时增删句子与句子之间的连词，灵活地进行句子的缩写与合并。

（二）增添译文文采

在文化翻译的实践过程中，译者除了要让译文语句通顺、逻辑顺畅，还要斟酌语言的选择与运用，对译文进行一定程度的修饰，展现原文的风采与韵味，这样才能吸引读者来阅读。例如：

原文：

Circumstances and people are constantly changing. Some friendship last "forever", others do not.

译文 1：

环境与人们都在持续地变化。有些友谊是永恒不变的，有些却并不是这样。

译文 2：

环境和人们一直都在改变。有些友谊能地久天长，有些则如昙花一现。

通过对比上述两个译文，我们可以发现，译文 1 的翻译中规中矩，并无新意；译文 2 则进行了一定的修饰，使用了汉语中比较常见的两个成语，表达了原文的内涵，增加了译文的文采和美感，使读者对译文产生了无限联想。

第四节　文化翻译的方法

在上述文化翻译原则的指导下，译者还需要根据翻译目标和翻译要求灵活地选择翻译的方法。本节主要介绍在文化翻译过程中比较常用的八种方法，分别是直译法、意译法、省译法、音译法、借译法、增译法、图表法、零译法（图 2-6）。

图 2-6　文化翻译的方法

一、直译法

直译法不仅是所有翻译类型中常用的方法，还是文化翻译过程中译者可以选择的主要方法。直译法在文化翻译过程中应如何使用？具体分析，就是译者在目的语中选择与源语语言相对应的词语和表达方式翻译出源语文本中体现的文化内容。这种翻译方法可以尽可能地保留源语文化的特征，有利于读者开阔文化视野，了解源语文化。例如：

原文 1：

他一家子在这儿，他的房子、地在这儿，他跑？跑得了和尚跑不了庙。

译文 1：

Escape? But his home and property can't escape. "The monk may run away, but the temple can't run with him!"

在上述示例中，译者在翻译汉语俗语"跑得了和尚跑不了庙"时，采用的就是直译法。一方面保留了源语文本中的"和尚""庙"的形象，生动地展现了源语文本想要表达的含义；另一方面较好地传递了源语文本所包含的文化信息。又如：

原文 2：

每个干部和领导者都应该懂得"<u>水能载舟，亦能覆舟</u>"。

原文 3：

凡事不患难，但患无备，所谓"<u>磨好了斧子才能劈开柴</u>"。

译文 2：

Every cadre and leading official should know that "<u>while water can carry a boat, it can also overturn it</u>".

译文 3：

The thing we have to fear is not the difficulty itself, but lack of preparedness, just as "<u>only a sharpened axe can cut through firewood</u>".

在第一个示例中，"水能载舟，亦能覆舟"原本论述的是古代的君王与老百姓之间的关系，在这里用来喻指人民群众和干部、领导的关系。译者在此处没有省略原文中"水""舟"的文化意象，也没有按照其潜在的比喻义来翻译，而是直接将这个成语表面的含义翻译了出来。这种翻译方式既保留了成语的语言意义，也体现了成语的文化特征。读者结合上下文语境就能正确理解作者想要表达的含义。

在第二个示例中，"磨好了斧子才能劈开柴"是一个俗语，出自人民群众的日常劳动生活，比较接地气，此处译者并没有对"斧子"和"柴"的内在含义进行解释，而是采用直译法使表达生动简洁，加上良好的语境环境，能帮助读者理解俗语的文化内涵，因此不用再增添任何文字。

二、意译法

在很多翻译实践活动中，因为两种不同语言的表达方式和文化内涵差异较大，所以会出现目的语中缺少能有效表达源语所具有的文化色彩的词语，且采用其他方法也无法很好地表达源语文本的文化内涵的情况。在这种情况下，译者就应采用意译法进行翻译。在采用意译法进行翻译时，译者往往不用考虑源语文本的语言形式和字面含义，而是应该把翻译源语文本的意义作为首要的翻译目的。通常情况下，每种翻译方法都有各自的缺点，意译法的缺点就是可能会造成源语文本所承载的文化内涵的缺失，也就是说，这种翻译方法可能会使源语文本的文化意象受损。例如：

原文 1：

In fact, that was <u>a Greek gift to him</u>.

译文 1：

事实上，那是<u>图谋害他的礼物</u>。

原文 1 中的 Greek gift 这一表达出自希腊神话中的"木马计"这一故事，其文化含义为"图谋害人、意图不轨"。如果译者采用直译法进行翻译，会将句子翻译成"事实上，那是给他的希腊礼物"。很显然，这样的翻译会使读者感到不明其意、难以理解。又如：

原文 2：

"芹儿呢，你便狠狠地说他一顿……还打发个人到水月庵，说老爷的谕：除了上坟烧纸，若有本家爷们到他那里去，不许接待。……"

（曹雪芹《红楼梦》第九十四回）

译文 2：

"As for Chin, you must give him a good talking to...And send words to Water Moon Convent that, on the master's orders, they're not to receive young gentlemen from our house except when: they go to sacrifice at one of the grave there..."

（杨宪益夫妇译）

在中国，"烧纸"是一个流传已久的民间习俗，人们通常采用这一方式怀念先人。由于这一习俗是中国独有的，西方国家没有这一说法，所以译者不能将"烧纸"直译为 burn pieces of paper，否则会给西方国家的读者带来疑惑。而英语中 sacrifice 一词有祭祀的含义，用在此处正合适。

三、省译法

省译法是在文化翻译过程中经常使用的一种方法，具体的操作步骤就是删除或省略一些不必要的语言表达，这些语言表达的作用往往是使句子读起来更有趣味，并不包括对意义的传达。省译法从根本上说是为了避免表达内容重复、信息冗余，是为了使译文更加简明扼要、突出重点。例如：

原文 1：

三十六计，走为上计。

译文 1：

The best stratagem is to quit.

在上述示例中，"三十六计，走为上计"本来是汉语中的一个成语，出自《南齐书·王敬则传》："檀公三十六策，走是上计。汝父子唯应急走耳。"其原指在战争中遇到对自己十分不利的形势时就逃走，现指做事时如果形势不利、没有成功的希望，就选择退却、逃避。通过对原文进行分析，可以发现，"走为上计"是原文表达的重点，因此译者选择性地省略了对"三十六计"的翻译，突出了句子的重点含义。又如：

原文 2：

我们就是要用政府的"痛"换来企业的"顺"，<u>让企业轻装上阵，提高竞争力</u>。

原文 3：

我的想法是，为了推动中墨关系加快发展，必须<u>趁热打铁、乘势而上</u>。

译文 2：

We will use this painful adjustment on the part of government to ensure that things will be much more convenient and easier <u>for our businesses to enhance their competitiveness on the market</u>.

译文 3：

I think it is important that we <u>build on the positive momentum</u> to boost the growth of China−Mexico relations.

原文 2 中的"轻装上阵"出自 2017 年总理记者招待会中关于简政放权的具体措施。李克强总理表示希望企业能够轻装上阵，提高竞争力。"轻装上阵"的原意是古代上战场作战时不披盔甲，此处的含义是希望企业能摆脱负担，向前发展。因为在之前的讲话中，李克强总理已经强调政府帮助企业发展的措施是降低收费和一般性支出，所以译者就不需要再指出这里的负担是什么，此时采用省译法将画线部分翻译为"for our businesses to enhance their competitveness on the market"是合适的。

原文 3 中的"趁热打铁""乘势而上"属于近义词，它们都是含有中国文化特色的成语。趁热打铁的本意是就着铁烧红的时候锻打，比喻抓紧时机，加速进行；乘势而上指利用有利的形势来加紧完成某事。这两个词同时使用属于信息上的重复表达，原文用在一起是为了强调中国和墨西哥应抓紧时机，加快推动合作关系发展。这体现了汉语重表达气势的特点。此处译者采用省译法进行翻译是考虑到英语表达注重简洁的特点，也体现了翻译的忠实原则。

四、音译法

几乎每一种文化都有自己特有的物象，其体现在两种语言的转换过程中，有时在源语文化中存在的物象表达在目的语中处于空缺、空白的状态。此时采用音译法将这些特有事物的表达复制到目的语中是比较合适的做法。采用音译法对文化词汇进行翻译，能最大程度地把文化中的语言特点和文化特色保留下来，也能给读者留下深刻的印象。例如：

原文 1：

这些印有福娃的邮票非常有纪念意义。

原文 2：

作为传统文化的一个组成部分，太极拳与哲学、医学、兵学、美学等有着密不可分的联系。

译文 1：

The stamps printed with Fuwa are commemorative.

译文 2：

As a part of the traditional culture, Taijiquan is closely related to philosophy, medicine, military tactics, aesthetics, etc.

在第一个示例中，北京奥运会吉祥物"福娃"最早的翻译其实是Friendliness，这个翻译在当时受到了大家的质疑，因为它将关于福娃的文化特色磨灭了，也无法体现中国语言的文化内涵。而吉祥物一个很重要的功能就是体现奥运会主办国的国家及民族特色，因此这个翻译没有得到奥委会的认可。为了体现中国的文化特点和民族特色，翻译组采用了 Fuwa 这个翻译方案。

在第二个示例中，太极拳作为中国传统武术的重要组成部分，逐渐受到众多国外友人的关注和喜爱。太极拳曾经被翻译为 shadow boxing，这个名称对于外国友人对太极拳的理解有很大的误导作用。如今，

Taijiquan 这个名称已得到国外友人的普遍认可，因为这个词语具有中国文化的特色。音译法这种翻译方式除了能传播中国文化，还能丰富英语的词汇系统，具有时代感强、内容新颖等诸多优点，值得翻译学界推广使用。

在中西方语言文化交流与发展过程中，无论是早期将英语翻译成汉语，还是稍晚时候将汉语翻译成英语，都有很多使用音译法翻译成功的案例。例如：

英译汉：

show（秀）

cool（酷）

Benz（奔驰）

Ford（福特）

yoga（瑜伽）

Muse（缪斯）

bungee（蹦极）

mousse（摩丝）

Hippie（嬉皮士）

Jupiter（丘比特）

Disney（迪士尼）

vitamin（维生素）

Pandora（潘多拉）

Travis（特拉维斯）

aspirin（阿司匹林）

penicillin（青霉素）

Coca-Cola（可口可乐）

Michael Jordan（迈克尔·乔丹）

汉译英：

刮痧（guasha）

功夫（kung fu）

锅盔（guokui）

炒面（chow mein）

馄饨（wonton）

汤圆（tangyuan）

豆腐（tofu）

烧麦（shaomai）

饺子（jiaozi）

五、借译法

由于不同民族所处的地理环境，所拥有的历史、风俗习惯以及宗教信仰不同，面对同一种事物或同一类事件，不同的民族会有不同的理解和认识，这种现象在语言文化上的体现就是在两种不同的语言中会存在字面意义不同，但语用意义相同或相近的词语或短语。在文化翻译的过程中，如果遇到这种语言文化差异，译者可以使用借译法，借用目的语中具有相同文化色彩的词语或短语表达源语中的一些内容。

这种现成的译语表达地道，能快速被目的语读者理解。如果没有现成的译语，在适当的条件下套用目的语中某些短语的表达句式也是可行的。例如：

原文 1：

当前改革需要解决的问题都格外艰巨，<u>都是难啃的硬骨头</u>。

原文 2：

关起门来<u>以邻为壑</u>，解决不了问题。

译文 1：

The problems we face in the current phase of reform are especially difficult. <u>They are hard nuts to crack</u>, so to speak.

译文 2：

The closed door and <u>beggar-thy-neighbor policies</u> cannot resolve problems.

在第一个例子中，hard nuts to crack 是一个地道的英语习语，表示"棘手的问题、不好解决的问题"，正好对应"硬骨头"这一汉语俗语。

第二个例子中的"以邻为壑出自《孟子·告子下》中的"是故禹以四海为壑。今吾子以邻国为壑"，"壑"的意思是深谷、深沟。这个成语的基本含义是当洪水灾害来临时，有些国家把邻国上好的田地当作排水的沟坑，把本国的洪水引到那里去；后比喻有些人为了自己的利益不顾他人的安危，把问题或者灾祸转移到别人那里。此时如果采用直译法进行翻译，就比较费事且读者不容易理解。英文中的 beggar-thy-neighbor policy 指本国采取的政策行动尽管对本国经济很有好处，但损害了其他国家的经济利益。该短语的深层含义与"以邻为壑"比较相似，因此译者可以采用借译的方法代指其意。

其他类似的表达还有：

笑掉大牙（laugh off one's head）

胆小如鼠（as scared as a rabbit）

如鱼得水（like a duck to water）

打草惊蛇（wake a sleeping dog）

六、增译法

增译法也可以称为解释性翻译法或者补充法，它是翻译时需要采用的基本方法之一，通常会在以下情况下使用：在源语文本中经常会出现具有文化色彩的历史事件、人物或典故，而译者在翻译的过程中，是以源语为基础的，为了使读者更好地理解目的语所要表达的含义乃至文化内涵，有时需要对源语的一些历史背景、人物信息或其他不清楚的内容进行解释。这样既能保留源语的文化色彩，又方便读者对其进行理解。例如：

原文 1：

The staff member folded like an accordion.

原文 2：

我们会始终高度重视<u>三农问题</u>，也会高度重视如何保护工人合法权益的问题。

译文 1：

这个工作人员就像合拢起来的手风琴似的——不吭声了。

译文 2：

All in all, we will continue to give very high priority to <u>all issues related to agriculture, farmers and rural areas</u>. And we will also pay very high attention to protecting the lawful interests of workers.

在第一个例子中，源语文本巧妙地利用闭合的手风琴来形容沉默的工作人员。手风琴作为一种外国常见的乐器，在其演奏发声时是需要打开的，如果用手将琴体合上，它就会停止发声。对于不了解这一乐器的中国读者来说，如果译者只翻译成"这个工作人员像合拢的手风琴"，可能会给他们带来疑惑；而当译者增加了对合拢手风琴的解释之后，读者理解起来就容易多了。

在第二个例子中，三农问题一直是中国政府较为重视的问题，其内涵中国人比较熟悉，但目的语读者可能由于不了解中国国情而不了解这个问题。"三农"中的"农"有三层含义，分别是农业、农民、农村，这三层含义无法用一个词概括，所以需要译者用增译法说明这个文化特色词的含义。

七、图表法

图表法是指运用图表对复杂的事物关系进行对比，随后进行阐释的方法，该方法适用于对人物关系和事物之间的内在联系进行清晰的阐释。例如，在中国传统神话中，古人把天分为东西南北四宫，分别以青龙（苍龙）、白虎、朱雀、玄武（一种龟形之神）为名，实际上是把天空分为四部分，以每部分中的七个主要星宿连线成形，以其形状命名。青龙为东方之神，白虎为西方之神，朱雀为南方之神，玄武为北方之神。因此，当译者对中国传统神话中的四大神兽及其相应之间的位置关系进行翻译时，就可以使用图表法（图2-7）。

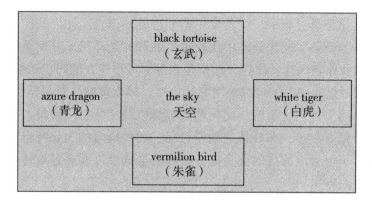

图2-7 中国四大神兽的位置关系

八、零译法

零译法是一种比较新颖的翻译方法。与传统的直译法、意译法、增译法等翻译方法相比，这一方法更为省时、省力，也让目的语读者更容易记忆和把握。在文化翻译过程中，译者可以适当采用这一方法，促进源语与目的语之间的交流。[①] 例如：

EQ（情商）

vs（对阵）

fax（传真）

VIP（贵客）

HR（人事部门）

DVD（数字化视频光盘）

iPad（苹果牌平板电脑）

其中，iPad 一词就是一个典型的例子。译者采用零译法进行翻译不仅能帮助目的语读者准确地理解该科技术语，还有助于目的语读者接受该事物。

第五节　文化翻译的策略

在文化翻译过程中，译者要正确处理不同语言文化之间的差异和跨文化交际的障碍。文化翻译中比较常见的两种翻译情况分别是读者向作者靠拢以及作者向读者靠拢，这就是在翻译过程存在的归化和异化问题。在文化翻译过程中除了可以采用归化策略、异化策略以及归异互补策略，还可以采用文化间性策略、文化调停策略以及文化对应策略。虽然选择策略的依据有很多，如具体的翻译目标、两种语言的文化特点、译者的翻译观等，但最终的目的都是提升翻译的准确性以及更好地传递源语文化的信息。

---

① 赵璐.基于语言与文化对比的英汉翻译探究 [M].长春：吉林大学出版社，2019：197.

一、归化策略

归化策略是指在翻译过程中采用在目的语中比较常见的表达形式替换源语表达形式的策略。使用这种翻译策略意味着要放弃源语的文化含义，通过译者的翻译，一般会形成新的体现目的语文化的作品。以我国四大名著之一《红楼梦》的翻译为例，《红楼梦》这部小说描写的是中国古代封建社会制度下人们的生产生活，因而书中有大量关于中国传统文化和风土人情的介绍，尤其反映出了中国道教与佛教的思想文化。目前《红楼梦》有两个权威的英文译本，一个出自杨宪益夫妇之手，另一个出自英国汉学家霍克斯之手。其中，杨宪益夫妇在翻译过程中较多地使用了异化的翻译策略，而霍克斯更多地使用了归化的翻译策略。例如：

原文 1：

谋事在人，成事在天。

（选自《红楼梦》）

译文 1：

Man proposes, heaven disposes.

（杨宪益夫妇译）

译文 2：

Man proposes，God disposes．

（霍克斯译）

"谋事在人，成事在天"是一句具有中国文化特色的俗语，以上两个版本的译文都做到了对仗工整，不同的是对"天"这一意象的翻译。《红楼梦》中人物故事发生时期人们对佛教较为尊崇，佛教在中国的宗教信仰文化中有很高的地位，杨宪益夫妇将"天"译为 heaven，符合故事中人们的宗教信仰和汉语的文化特点。而霍克斯从目的语读者的角度出发，采用了目的语读者比较容易理解的基督教对神灵的表达方式，将其译为 God，这就是文化翻译策略不同的体现。在这里，需要强调的是，无论是归化策略还是异化策略，都是为源语文本和目的语读者服务的。又如：

原文 2：

All right, now that we have covered the social amenities, let's talk turkey about what really happened.

译文 2：

好吧，既然我们都已经寒暄完毕，就让我们认真坦率地讨论真正发生了什么吧。

在这个例子中，talk turkey 是英语中的一个固定表达，如果译者直接翻译为"说火鸡"，显然是不正确的，不符合上下文语境，并且会让目的语读者感到不知所言。此时，译者运用归化策略将其翻译为"认真坦率地"更加符合原文含义，表达更贴切。

总而言之，归化策略就是将源语文本变得本土化，使用目的语语言的表达方式来进行翻译的策略，使用这种策略能使目的语读者更好地理解原文，并使译文更具可读性。

二、异化策略

异化策略是指译者在翻译过程中保留在源语文化的同时，采用源语表达方式或采用类似表达方式进行翻译的策略。虽然语言都是对客观存在事物的反映，但在不同的文化背景下，人们的思维方式不同，对同一事物的看法、产生的联想也不相同。例如：

原文 1：

As the last straw breaks the laden camel's back, this piece of underground information crushed the sinking spirits of Mr. Smith.

原文 2：

Some politicians are always calling for an eye for an eye and a tooth for a tooth when they hear of a terrible crime.

译文 1：

如同压垮负重骆驼脊梁的最后一根稻草，这则秘密信息把史密斯先生低沉的情绪压到了最低点。

译文 2：

当一些政客听到某个可怕的罪行时，便会一直要求以眼还眼、以牙还牙。

在第一个示例中，"the last straw breaks the laden camel's back"是英语中一个具有文化特色的习语，这一习语采用了喻指的修辞手法。这种修辞手法在汉语中也很常见，因而当译者采用异化策略对这一习语进行翻译时，读者很容易就理解了译文的含义，并感受到了原文中的一些文化意象，如骆驼、稻草。

在第二个示例中，"an eye for an eye and a tooth for a tooth" 原来是《汉穆拉比法典》中描述的法律条文，意思是用瞪眼回击瞪眼，用牙咬回击牙咬，指在斗争中对方使用何种手段攻击你，你就使用何种手段回击对方。在此处，译者采用异化策略翻译原文，保留了原文的基本含义和对仗格式，有利于读者体会原文的文化特色，理解原文的文化内涵。又如：

原文 3：

"It is true that the enemy won the battle, but theirs is but a Pyrrhic victory," said the General.

译文 3：

将军说道："敌人的确赢得了这场战斗，但他们的胜利只是皮洛士的胜利，得不偿失。"

在上述示例中，Pyrrhic victory 这一典故源自西方历史上一次著名的战役。公元前 279 年，古希腊的伊庇鲁斯国虽然在与罗马军队的交战中取得了胜利，但这次胜利也使伊庇鲁斯国伤亡惨重，因此到了 19 世纪，人们开始用 Pyrrhic victory 来表示因代价沉重而得不偿失的胜利。译者在翻译这一历史文化色彩浓厚的典故时，采用了异化策略和增译的方法，成功保留了源语文本的历史文化特色和相关背景知识，既翻译出了源语文本的主要信息，又传播了源语文化。

三、归异互补策略

归化策略和异化策略是文化翻译的两大主要策略，基于以上介绍，我们可以看出两者是对立统一的关系，都有各自适用的语境和范围；但在一些特殊语境中，只使用一种策略是无法完成翻译任务的，甚至无法将源语的真实意义传达出来，此时译者就需要将这两种策略结合起来，采用归异互补策略，以达到较好的翻译效果。例如：

原文：

I gave my youth to the sea and I came home and gave her (my wife) my old age.

译文：

我把青春献给了海洋，等我回到家中见到妻子的时候，她已经白发苍苍。

在翻译上述句子时，译者采用的就是归异互补的策略。"I gave my youth to the sea"保留了原文的表达方式，采用的是异化策略；"I came home and gave her (my wife) my old age"则没有沿袭上一句的表达方式，翻译成"把我年迈的时光留给了妻子"，而是向目的语表达方式靠拢，通过描述妻子的头发已经变白这一变化暗指时间已经过去了很久，二人皆不再年轻。在翻译这个句子时，如果只采用归化策略或异化策略，就很难达到现在的翻译效果，读者也不好理解。

本书认为，翻译应以异化策略为主，归化策略为辅。也就是说，译者在进行文化翻译活动的过程中应尽可能地实现异化，必要时要体现归化的作用。具体分析，译者可以从以下几个方面入手平衡两者的关系。

首先，译者在翻译时应首选异化策略，这样有利于译文达到形神兼备的翻译效果。在文化翻译的实践活动中，如果仅采用异化策略就能发挥准确传达原文意义、保留原文表达形式与文化特色的作用，那么只选择异化策略即可。

其次，如果只采用异化策略不能完整、准确地传达原文的内容和意义，或者不能实现目的语译文的通顺、易懂，此时译者可以采用归异互补策略。

最后，如果译者感到采用异化策略是没有任何优势的，既不利于内容的表达，又不利于文化的传递，就不要勉强选择异化策略，而应使用归化策略，放弃源语文本形式的复制，重点表达其内在含义。

综上所述，译者在处理这两种策略的关系时，要以翻译目标为导向。无论采用哪种策略，都要注意适度使用。采用异化策略时保证不影响读者对译文的理解，采用归化策略时保证不改变原作的风格和作者的写作个性，尽力做到文化传真。就实现这一翻译目的而言，异化策略在传播文化方面更能发挥作用，而归化策略在两种语言的转化与适应方面更能发挥作用。但无论如何，即使翻译同一个源语文本，翻译策略的选择也不是唯一的，译者总是需要结合多种策略和方法来进行翻译。在面对不同语言文化的差异时，一名优秀的译者总能运用自己丰富的认知和高超的技巧，采用恰当的策略来完成翻译工作，促进跨文化沟通与交流的实现。

四、文化间性策略

文化间性策略是指基于文化间性主义与文化间性观形成的一种翻译策略。这种翻译策略要求译者在进行文化翻译时保证互惠互补、协调发展的文化关系，因为不同的民族文化有不同的特点，运用文化间性因素来处理不同文化之间的差异性，有助于译者找到两种文化的相同之处，从而实现不同文化之间的交流互动。一名优秀的译者应该秉持文化间性观念，理解并分析不同文化的组成要素，同时关注不同文化的进步与发展情况，并以开放、包容的心态面对这些发展变化。以文化间性理念为指导参与文化翻译实践，有两个明显的优势。

其一，以开放、学习的心态认识和接纳不同的文化，有利于译者选择合适的策略和方法处理翻译中出现的文化问题。

其二，译者通过学习与认知源语文化，以及在共性思想的指导下分析源语文化，探索源语文化的特征，进而向其他民族、国家介绍源语文化、传播源语文化。

从上述概念介绍与具体理念分析可知，文化间性是对归化策略与异化策略所存在的极端主义的弱化，同时体现了中国传统翻译标准之一的信达雅翻译标准。例如：

原文：

天时不如地利，地利不如人和。

译文1：

Sky times not so good as ground situation, ground situation not so good as human harmony.

译文2：

Opportunities vouchsafed by heaven are less important than terrestrial advantages, which in turn are less important than the unity among people.

在上述示例中，"天时不如地利，地利不如人和"是汉语中的一句俗语，其文化内涵是在战争中气候条件是比较重要的，但相比地理位置来说还是差了一些；而人心所向、上下团结又比地理位置更加重要。分析以上两个译文，可以看出译文 1 属于逐字翻译，根本没有体现源语文本的正确含义以及文化内涵；译文 2 则是译者在文化间性策略的指导下进行的适当翻译，不仅译出了源语文本的正确意义，还体现了汉语文化的特点与内涵。

除此之外，文化间性策略强调了翻译过程中存在的文化交融、文化沟通现象。译者要想把握好文化间性的度，促进不同语言文化的交流与互动，还需注意以下四点内容：

其一，译者应对源语文化的内涵与表现、产生与发展有较为客观、清楚的认知和理解，这样才能尝试寻找其与目的语文化的相同点与不同点，并将其置于目的语文化之中。

其二，在两种语言文化的对抗与冲突中，译者想要凸显源语文化，就要弱化目的语文化的存在感，有时甚至需要放弃目的语文化的表达。

其三，译者应尽可能地了解目的语文化，并适时体现目的语文化的身份与地位。

其四，在保持中立的情况下，译者要尝试寻找两种语言文化的结合点，实现两者的平衡发展。

五、文化调停策略

文化调停策略是文化翻译过程中译者经常使用的翻译策略，下面介绍一下文化调停策略的概念与应用。

（一）文化调停策略的概念

文化调停策略是指在翻译过程中选择性地翻译一部分，或者完全不翻译源语文本中体现的文化因素，而直接翻译源语文本深层含义的翻译策略。例如：

原文：

回头人出嫁，哭喊的也有，说要寻死觅活的也有，抬到男家闹得拜不成天地的也有，连花烛都砸了的也有。

译文：

Some widows sob and shout when they are forced to remarry; some threaten to kill themselves; refuse to go through with the wedding ceremony after they've been carried to the man's house; some smash the wedding candlesticks.

原文选自鲁迅先生的短篇小说《祝福》。在中国的婚礼习俗中，"拜天地"是婚礼流程中的一个重要环节，"天"和"地"这两个意象有丰富的文化内涵。在中国，男女双方共拜天地就是结为夫妇的象征。在这里，如果译者采用异化策略将"拜天地"直接翻译为 bow to the heaven and earth，显然不能为目的语读者所理解；如果译者采用文化调停策略将其，翻译为 go through with the wedding ceremony，即将源语文本中的文化意象略去，直接翻译出源语文本的深层含义，目的语读者就能一目了然，进而明白源语文本想要表达的内涵。

（二）文化调停策略的应用

文化调停策略的应用是针对归化策略和异化策略的应用来说的，即只有译者采用归化策略和异化策略都不能完成翻译任务时，才适合采用文化调停策略。事实证明，这一策略具有读者倾向性，不仅可以减少归化策略和异化策略不能解决的文化问题，还能使译文变得更加流畅、易懂。但这种策略也有缺点，那就是不能保留源语文本中的文化意象，因此不利于文化的传播与交流。例如：

原文 1：

刘备章武三年病死于白帝城永安宫，五月运回成都，八月葬于惠陵。

译文 1：

Liu Bei died of illness in 223 at present-day Fengjie County, Sichuan Province, and was buried in Chengdu in the same year.

上述汉语原文虽然句子很短，字数不多，但却有着丰富的历史文化内涵。其中，"章武三年"是中国古代封建社会制度下特有的帝王年号纪年法，"白帝城""永安宫"分别是当时中国的地名、建筑名，"惠陵"是当时安葬皇帝及其他皇室成员的陵墓。对于以上内容的翻译，由于在英语中找不到对应的表达，所以不能采用异化策略。如果采用音译法或增译法直接进行拼写或解释，就会因为解释的因素过多而影响译文的流畅度，进而影响读者的阅读和理解。因此，在这种情况下，译者应该适当省略对这些文化因素的翻译，以提高整体的翻译效果。又如：

原文2：

当他六岁时候，他爹就教他识字。识字课本既不是《五经》《四书》，也不是常识国语，而是从天干、地支、五行、八卦、六十四卦名等学起，进一步便学些《百中经》《玉匣记》《增删卜易》《麻衣神相》《奇门遁甲》《阴阳宅》等书。

（赵树理《小二黑结婚》）

译文2：

When he was six, his father started teaching him some characters from books on the art of fortune-telling, rather than the Chinese classics.

上述原文中包含大量富有中国文化特色的汉语词语，如天干、地支、五行、八卦，以及《四书》《五经》《百中经》《麻衣神相》《奇门遁甲》等。如果把这些内容全翻译为英文，是不太现实且没有必要的，因为即使翻译成英文，读者也不会通过这些内容联想到它们的文化内涵。因此，译者可以采用文化调停策略，对这部分内容进行概括，翻译出其深层含义。

六、文化对应策略

文化对应策略也是译者可以选择的文化翻译策略之一。文化对应策略的使用原则同文化翻译方法中的借译法类似，都是采用目的语文化中与源语文化类似的表达进行翻译。例如，选取目的语文化中著名的人物、事件等诠释源语文化的内容。"梁山伯与祝英台"的故事在中国人中可以说是无人不知、无人不晓，但没听过二人故事的西方读者可能并不清楚这二人的关系，如果将其翻译成"中国的罗密欧与朱丽叶"，那么西方人就会瞬间理解。同理，"济公"与"罗宾汉"也可以相互替代。例如：

原文：

济公劫富济贫，深受穷苦人民爱戴。

译文：

Ji Gong, Robin Hood in China, robbed the rich and helped the poor.

原文出自浙江兰溪的济公纪念馆，短短的一句话介绍了济公的人物特点；而在西方文化中，罗宾汉（Robin Hood）也是热衷于劫富济贫的传奇人物，因此译者在此处采用文化对应策略翻译原文就很容易让读者理解，也有利于将读者带入原文描写的故事中去，探寻原文的文化内涵。

综上所述，全球经济一体化与文化多元化的发展为世界各国、各民族文化的交流与翻译提供了条件、搭建了平台，使文化间的互动衍生出新的关系。文化翻译通过不同语言的转换，以实现各民族间的语言文化交流为目的，在当今世界文明的发展过程中扮演着重要的角色。文化翻译有助于消除不同民族文化沟通的阻力和障碍，帮助国家与民族实现平等对话、共同发展。

第三章 汉英语言对比与翻译

译者在对两种语言展开翻译之前，需要熟知两种语言之间的异同，包括两种语言在语音、词汇、语法、语篇等方面的异同，进而选择适当的翻译策略进行翻译。而要系统地了解两种语言之间的异同，就要对两种语言进行对比。本章将从语音、语调、词汇、句法、语篇等角度出发对比汉语与英语这两种语言之间的异同及其带来的影响翻译的文化效应。

第一节 汉英语言的基本差异

语言具有很强的承载民族文化、传播民族文化的作用。在众多语言中，汉语是历史悠久、世界上使用人数最多的一种语言；英语则是世界上使用国家和地区最多的一种语言，是国际上通用的语言。通过对汉语和英语两种语言文字的对比可以看出语言文字会对文化产生何种作用，形成何种文化效应。

一、汉语与英语的语音差异

（一）汉语一字一音、一韵多字；英语发音以多音为主

汉语的发音单位是字，一个字一个音，发音干脆利落。汉语语音的构成特点如下：

（1）大部分汉字语音以声母＋韵母的方式拼合而成，少部分汉字语音由纯韵母因素构成。

（2）汉语中的韵母，不管其标注方式需要几个字母，最终发出来的

都是一个音，如 e、i、o、ei、ou 等。

在汉语语音中，虽然有些韵母音素的标注方式中含有声母字母，如 an 中含有 n，但发出来的音素只有一个母音。也就是说，在每个汉字的尾部都不会有类似英语辅音的音素。由于每个汉字的尾部都是韵母音素，所以相邻的汉字在发音时不能连读。这也是汉字无法演变为拼音文字的语音学、音位学原因。

英语则明显与汉语不同，国际音标中的 [ai] 在发音时需由第一个元音音素 a 滑向第二个元音音素 i，即 [ai] 由两个音素构成，是双元音，与之类似的双元音还有 [ei]、[əu]、[au]、[iə]、[uə] 等。英语单词基本上都是多音词，也就是一个词至少有两个音，多者可达七八个音。这里的"音"不是指音素或者音节，而是指由单个或多个音素拼合在一起发出来的音。

在英语中，词是可以独立存在的最小的语义单位，英语中的词由一个或多个字母拼写而成。就其发音来说，大部分英语单词都是一词多音，也就是包含两个以上的音，还有一小部分只有单元音音素的词是一个音。英语中把一个元音音素或者元音组合看作一个音节，根据其音素构成特点，音节可划分为开音节、闭音节等。从音位角度分析，英语单词的音节又可分为以下四种类型：单元音或双元音、辅音（组合）+ 元音、元音 + 辅音（组合）、辅音（组合）+ 元音 + 辅音（组合）。

英语中存在的大量双音节词和多音节词就是由上述这些基本音节互相交叉组合形成的。即使是单音节词，只要其由辅音结尾，它发出来的也可能是两个或两个以上的音，如 pop、part、sob、dad 等。由于英语单词尾部的辅音音素能自然地与其后续单词开头的元音音素拼合在一起，因此英语单词在很多情况下可以前后连读，这也是将英语称为拼音文字的语音学、音位学原因。

从是否押韵的角度分析，英语单词的数量极多，且一词多音，而单词经常带有的辅音尾音使其韵脚的种类繁多。例如，serve 和 stern 这两个词的元音音素虽然相同，但因为其后的尾音具有不同的辅音音素，所以并不押韵。两个单词要想押韵，单词尾部元音后的辅音音素应相同或者发音相似。因此，相比汉语中的同韵字，英语单词中的同音词和同韵词就少多了。

（二）汉语一字一调；英语短语、句子有调，单词无调

汉语属于声调语言，主要有四种声调，即阴平、阳平、上声、去声四调，也可称为一声、二声、三声、四声，其中前两声是平声，后两声是仄声。通常情况下，汉语都是一字一调，部分汉字因一字多义而一字多调。例如，"数"字，作为动词时，读 shǔ，如"数清楚"；作为数词时，义同"几"，读 shù，如"数千元"；作为副词时，读 shuò，如"扶苏以数谏故，上使外将兵"。

从字词、语句的发音规律来看，汉语采用的是胸律动模式，也就是根据音节长度的规律，以音节的节拍吐字发音。汉语语音的轻重不体现在每个单字中，而主要体现在句子层面，一般一句话中想要突出强调的信息会重读，如"哪辆自行车是你的？"在这句话中，"哪"字表示疑问，需要重读。在汉语语句中，尤其是句尾的助词、叹词等，一般都作轻读处理。例如，老师问学生："听明白了吗？"句尾的"了"和"吗"均为轻读音。此外，在一些由叠音词构成的称呼语中，如爸爸、妈妈、爷爷、奶奶等，一般第二个字要轻读。

英语属于语调语言，因其音高起伏而形成的旋律模式与短语、句子的发音是紧密结合的。英语中的单词并无声调的差别，声调只体现在短语和句子中。英语中的语调分为三种，即平调、升调和降调。通常情况下，句子的前部、中部或者不在句尾的短语读平调，句子尾部则读降调或者升调。例如，"A women teacher was busy in the classroom, and the students were listening carefully to her."。

此外，一般疑问句的句尾读升调，例如，"Can you give me five dollars?"。

从字词、语句的发音规律来看，英语发音时采用重音律动模式，该模式的特点是遵循句子重音复现的规律，以重音为节拍吐字发音。因此，英语发音虽然没有平仄之分，但在单词层面和句子层面却有轻重音之分。例如，在句子层面，每一个句子都有一处或多处单词需要读重音，如"John works very hard in the company."一句的重音分别落在 John、works、hard、company 上，very 若没有强调作用，通常不重读，其他几个词是非重读音节，一般一带而过。

（三）汉英语音差异带来的文化效应

根据以上分析，我们初步了解了英汉两种语言在语音上的特点。这两种语言由于语音上的差异所产生的文化效应也比较明显，这一点主要体现在诗歌创作方面。

对于汉语而言，虽然一字一音的特点使其不能连读，但汉语在文学表现形式上反而有很大的优势：在汉语中，人们能很轻松地做到使用相同数量的字词来保持上下句在形式上的对称，从而产生了中国独有的诗词歌赋。汉语诗歌不同于其他语言诗歌的特点在于：汉语诗歌能做到控制发声时间的长短、保持字数一致，从而体现出汉字形式上高度的对称美。与此同时，在汉语诗歌中想要保持一韵到底并不是一件困难的事情，由此可以看出汉语诗歌有很强的韵律美。再加上汉语的四种声调，汉语诗歌在朗诵时富于音韵变化，有些读起来铿锵有力，有些读起来委婉动人，充满了对称性、节奏感、韵律感与和谐性，整体体现出很强的语言感染力。

对于英语来说，英语诗歌的发展受英语语言的影响，其主要体现在两个方面：一方面，作为一种典型的拼音文字，英语的一大优势在于其可以连读，所以在语言的表达和应用中，英语的流畅程度和音乐感是很强的；另一方面，因为大部分英语单词都是一词多音，而且单词有长有短，所以英语在语言形式上的表现力要差一些，这也是英语诗歌的押韵功能不如汉语的原因之一。

二、汉语与英语的语形差异

语形指的是语言文字的表现形式。例如，汉语属于表意文字，英语属于表音文字；汉语的书面形式是方块字，英语的书面形式是字母拼写。

（一）汉语的立体结构与象形特征，英语的流线型结构与会意特征

迄今为止，人们发现最早的汉语文字是商朝的甲骨文，甲骨文之后，又有金文、大篆、小篆、隶书、楷书、宋体等，发展到当代，汉语简体成为人们使用最多的字体。从字形的变化来看，汉字从之前的象形字、会意字发展到如今的形声字，字形已经相对稳定了。根据以上分析，我

们可以看出，汉字是一种历史悠久且生命力强大的语言文字，是世界文明古国的文字中唯——一种保留至今并被大量民众使用的文字。因此，汉字值得我们进一步学习和研究。科学研究表明，汉字形体有以下四个基本特征：

（1）汉字是一种表示单音节语素的文字，其语言符号同时包含了语音、语形和语义。

（2）汉字的结构层次通常有三个（部分汉字只有两个层次）。汉字的基本单位是笔画，如点、横、竖、折、撇、捺、竖钩、横钩、横折钩、竖折勾等；笔画的组合又可以构成部件（偏旁），如冫（两点水）、讠（言字旁）、宀（宝盖头）等；再由部件构成完整的汉字，如部件为冫的次、冷、准，部件为讠的说、计、论，部件为宀的字、定、宾等。

（3）汉字的造字法有六种，即象形、指事、会意、形声、假借、转注。

（4）各个偏旁在拼合成字的时候注重平衡、对称，最终使汉字呈现出结构规整的方块形。

汉字与其他语言文字相比，较为突出的特点就是它的立体结构和象形特征，汉字的语形便实现了"睹字识物、据形断义"，这主要是因为汉字是以象形字的形式产生的，并在很长一段时间内以象形字的形式被人们传播、使用。汉字的象形特征体现了汉字造字法的天人合一思想。天人合一是中国古代思想家、哲学家所提出的著名的哲学思想，同时是古代中国人不断追求的最终目标与最高境界。用现代人的眼光来解读天人合一，就是人的发展要与自然、与社会乃至整个客观世界的发展相统一，这也是中国人中庸思想的体现，与现代人信奉的可持续发展观念不谋而合。古代的中国人利用他们的智慧和对这个世界的理解、认知创造出了汉字，并在汉字的创造过程中融入了天人合一的思想。语言文字作为人类的创造物，本身就富含人的思想和气息；而早期的汉字更是将人类赖以生存的大自然与客观世界中存在的万事万物形象地反映在文字里，使人们在使用汉字时很容易联想到大自然及存在其中的事物。

随着历史的演进、时代的更迭和社会的进步，汉字为了适应人们的需求而逐渐演变为会意字、形声字，其象形特征已不再像以前那样明显，但仔细观察的话，我们还是能从一些汉字的字形上看出早期象形字的迹象。比如"山"字，其字形犹如一座高耸的山峰。况且，即使是会意字、形声字，也是由象形字发展而来的，因此多多少少会带有一些象形字的特征，它们的偏旁部首或其他组成部分会让我们间接地联想到客观世界中的一些事物。例如会意字"明"，我们通过观察可以发现这个字由"日"和"月"组成，而"日"和"月"在汉语中分别代表"太阳"和"月亮"，进而让人联想到它们的共同特征是明亮，能给人们带来光明并照亮人们前行的路，最终理解并记住这个字的含义。

英语属于典型的拼音文字，英语的拼音特点有利于人们通过其字形联想到其发音，并根据其发音判断其含义。英语字形的特征是有线条感，该特征使英语单词具有流线型结构，所以书写起来比较便利、流畅，还利于连写。也就是说，英语字形与自然界的众多事物没有联系，因此不太容易引起人们对客观世界的联想。

与此同时，英语的构成方式也独具特点，如英语是通过无意义的字母的线性连接来构成其最小单位——单词，然后通过单词的线性排列构成短语、句子和篇章。由于英语字形的立体感不强，且没有象形功能，西方国家的人们逐渐形成了脱离客观世界物象、纯粹借助文字符号思考的抽象思维。这种抽象思维是古代西方人在其长期的为了生存与大自然作斗争的过程中逐渐产生的。在早期西方人的生存与发展过程中，其与大自然不是朋友，而是将大自然看作敌方，即战斗的对象。在古代中国人提出天人合一的发展思想时，西方人将战胜自然、征服自然、让自然为人类服务作为生存目标。总而言之，相互比汉语语言文字，英语语言文字更具抽象性和逻辑性。

（二）汉英语形差异带来的文化效应

汉字的象形特征或形象性是汉语语言文字较为显著的特征，使用汉字的人们很容易在头脑中产生与外部客观世界的联系，看到汉字就会联想起相应的事物，进而在头脑中产生对应的影像。而英语语言文字因不具备形象性，所以基本上不会与外部世界产生联系，但英语的抽象性和逻辑性较强，这一点是汉语较弱的部分。这两种语言语形各自的特点会产生不同的文化效应。

1.汉语使用者擅长形象思维，英语使用者擅长抽象思维

因为汉字具有很强的形象特征与描述特征，所以经常使用汉字的人（主要指中国人）在思考问题时往往会联想到现实世界的种种物象，久而久之，这个社会群体就形成了形象思维，擅长观察外部世界，描述外部世界的各种景象、事物。中国人的这一思维特征在他们的文学创作，特别是诗歌、散文的创作上有比较明显的体现。例如：

送孟浩然之广陵
李白
故人西辞黄鹤楼，烟花三月下扬州。
孤帆远影碧空尽，唯见长江天际流。

该诗是唐代诗人李白的代表作之一，主要描写了诗人送别朋友时的景象、心情。诗的第三句和第四句如同电影中的蒙太奇镜头，呈现出一幅水天相接、波澜壮阔的江景：放眼望去，宽阔的水面上只有一个船只，那就是载有友人的那个船只，船只渐行渐远，最后消失在水天交汇之处。栩栩如生、生动形象的描述表达了诗人对友人孟浩然的不舍之情。

其中，"孤""远""尽"三个字淋漓尽致地体现出诗人的愁绪，体现了诗人因朋友离去而产生的孤独感；令人仿佛看到远处水天一色、长江奔流的景象，联想到人的一生命运多舛，但大自然却始终如一，体现了诗人因故友离去、人生无常而产生的寂寞空虚、无法排解的惆怅心绪。可以说，诗人很好地利用了汉语语言文字的优势，达到了借景抒情的目的。

西方人由于长期使用英语这种缺乏形象特征的语言文字，其形象思维能力的发展受到了限制，但英语的逻辑性比汉语更强，因为英语反映了人们抽象思维的运行方式。经常使用英语会使人们的逻辑思维能力得到发展，尤其是抽象思维与思辨的能力，因为人们无法依靠英语语言文字本身的形象展开联想，只能凭借该文字所包含的抽象意义以及文字之间的逻辑联系来进行思考。久而久之，人们的抽象思维能力会得到锻炼与提升。西方人的抽象思维能力很强的表现之一就是西方历史上诞生了很多世界级的哲学家、思想家、辩论家和演说家。

2. 两种语言使用者对大自然的态度和情感不同

汉语、英语语形差异带来的文化效应还体现在两种语言使用者对大自然的态度和情感不同。汉语使用者对大自然有敬畏和崇拜之情，英语使用者对大自然有战胜和征服之情。

中国人是汉语的发明者和使用者，古代中国人将对大自然的敬畏和崇拜之情融入汉语的创作和使用过程，这一点从汉语的天人合一思想就能看出来。

一方面，大自然提供的优越的生存和居住条件使人们逐步过上了安定、美满的生活，而不用过颠沛流离、食不果腹的生活。因为大自然给了人们赖以生存的物质基础，所以人们真心地感谢自然、崇拜自然。

另一方面，人类在大自然面前是渺小的，无力抗拒大自然带来的气候灾害、地质灾害等自然灾害，并且不理解为什么会发生这些自然灾害，如此一来，古代中国人就对大自然的神秘与强大产生了畏惧之心。从敬畏、感激、崇拜到人与自然的"天人合一"，再到人与人之间的"以和为贵"、人与社会之间的"可持续发展"，中国人的思想和行为轨迹都蕴含着汉语的影响效应和诱导作用。这主要是因为人的行为是由思想支配的，而思想的发展与传播是以语言文字为载体的，汉语作为中国人的发明与创造，毫无疑问对中国人的思想和行为产生了潜移默化的影响。

事实上，对比古代中国人的生存和发展，古代西方人的生存和发展更为艰险。他们曾在很长一段时间内以游牧生活为主，居无定所，受气候变化、自然灾害等自然界客观因素的影响更大，这种游牧生活的动荡性和艰险性要求他们不能放松警惕，时刻做好战斗的准备，所以培养了他们不畏艰险、敢于冒险的精神。而西方抽象特征较强的拼音文字此时又发挥了诱导和强化的功能，使西方人逐渐形成了以自我意识为中心，渴望征服自然、战胜自然，让自然为自己所用的主观思想和心理暗示。这种思想观念发展到西方工业革命与信息时代达到了高潮。一直到 20 世纪下半叶，西方的一些有识之士才认识到这一思想的局限性，开始宣传保护自然环境、维持生态平衡的思想。

三、汉语与英语的语义差异

（一）汉语特定语义有利于造词，英语无意义特征不利于造词

大部分汉字都有其特定的意义。例如，"绾"字的意义就是"把头发盘绕起来打个结"，因此"绾"字是单独的汉字，也是有特殊含义的字。除此之外，大部分汉字还可以与其他汉字相组合，生成新的词语。例如，点餐、吃外卖、网红产品、直播带货等。新的词语的产生主要依靠原有汉字的相互组合，人们基本不再发明新的汉字。因此，经过几千年的发展，汉语的字数并没有增加很多，反而一些汉字因为不经常使用而少为人知，其总数明显少于英语单词，这说明汉语的稳定性较强。但汉语中的词数远远多于汉语的字数。

英语单词由 26 个英文字母构成，通常情况下这些英语单词都被称为词，不称为字。尽管部分英语单词也能和其他词组合形成合成词，但其组合能力比不上汉语。其形成新词的方法主要有三种：旧词添新意、旧词合成新词、创造新词。

例如，当"计算机"这一新事物出现时，英语中称其为 computer。从构词方式角度分析，这个词是几个无意义字母的拼合，不具备表达计算机会意特征的功效。汉语则通过组合"计算"与"机"这两个旧词来表示这种新事物。这个词语具有明显的会意特征，人们通过词语的表现形式能猜到这是一种用于计算的机器设备。

（二）汉语具有一字一义、一音多字等特征，英语具有一词多义、一词多音等特征

语音与语义关系密切，语音就是语义的声音符号。我们可以从语音的角度分析汉语与英语在语义上的差异。

1. 汉语的语音特征

其一，汉语中大部分汉字都是一字一音、一音一义，所以这些汉字都是一字一义。例如"店"字，读音为 diàn，其含义是出售商品的房屋，如店铺、商店、书店、店肆、客店、旅店等。还有一部分汉字虽然是一字一音，但却是一字多义，如"故"字读作 gù，有四层含义：缘故，原

因；故意，有意；原来的，旧的；意外的事。

其二，汉语中一音多字的现象很常见。一音多字是指不同的字或者词具有相同的发音，即同音异形异义字。汉语字典或词典经常按照汉字的发音来收录相关汉字信息，这就说明汉语中有大量的同音字、同音词。例如：

bāo hán

包含：包容、含有。

包涵：原谅、宽容。

bào fā

暴发：突然发财或得势；突然发作。

爆发：火山内部的岩浆突然冲破地壳，向四外迸出；突然发作。

běn yì

本义：词的本来意义，与引申义、比喻义相对。

本意：心里本来的想法或意图。

dà shì

大事：重大或重要的事。

大势：事情发展的总趋势。

以上四组示例中两个词语的发音完全相同，但语义却有很大差别，此时读者需要根据上下文语境或自身的汉语语感才能判断出其真实含义。

其三，汉语中一音多义的现象很常见，这其实属于一字多义现象，一般指同一个字发音相同，却包含好几种意义。例如，"举"字只有一种读音，却有"举动""往上托""推选"等含义。还有一种常见的情况是同一个字在发音不变的前提下与其他字搭配而产生不同的含义，如"光"字读作 guāng，有七种常见的含义，它可以与其他汉字组成不同的词语，表示不同的含义。例如：

明亮的月光，照亮了我回家的路。此句中的"光"指光线。

老师不光教我读书认字，还教给我做人的道理。此句中的"光"指只、单。

狗狗很快就把碗里的狗粮吃光了。此句中的"光"指一点儿不剩。

在今年的冬奥会上，众多奥运健儿奋力拼搏、为国争光。此句中的

"光"指荣誉、荣耀。

她光着两只脚就下地了。此句中的"光"指的是身体露着，没穿衣物。

明媚的春光，吸引了大家的视线。此句中的"光"指的是景物。

临阵磨枪，不快也光。此句中的"光"指的是平滑。

在上述示例中，"光"字既可单独使用，也可以与其他字组成词来使用；而有的字不能单独使用，要组成词才有意义。

其四，汉语中一字多音的现象比较常见。一字多音指的是一个汉字在不同的语境中或与不同的汉字搭配时就会有不同的发音，也就是我们平常所说的"多音字"，其多出现在常用字词中。例如：

A. 都

dōu（都是）　　　　dū（首都）

B. 为

wéi（为人）　　　　wèi（因为）

C. 降

jiàng（降落）　　xiáng（投降）

2. 英语的语音特征

英语中一词一义的现象很常见，而其一词多义的现象中同类词的义项数量甚至比汉语中同类现象中的还多，而且很多功能词、常用词的义项数量也明显比汉语多，以至于在许多场合我们只能依靠上下文或者语境来辨析词义，如 get 一词就有 22 条义项，在其后加上小品词组成的短语更是有 32 个之多。

英语中的一词多音现象，也就是同形异音异义词的数量也比汉语中同类词的数量多。这种词基本上都不改变单词的拼写，只改变词的重音、辅音音素及词性、词义。还有一种词源完全不相同的同形异音异义词，其发音和词义有很大的差别。

英语中的一音多词现象，也就是同音异形异义词的数量比汉语中同类词的数量要少，只有 our & hour 等有限的几十组词。除此之外，其同音同形异义词的数量也不多，只有 book、account 等。还有一部分同音同形异义词的词义只是轻微地发生了变化，如 aim 作名词时表示"目的"，作动词时表示"瞄准"。

特别需要注意的是，英语中存在的同义词或近义词的数量相对于其他语言来说是较多的，究其原因，英语是一种包容性很强的语言，其在发展变化的过程中吸收了大量其他语言中的词汇表达。例如"工作"一词，其汉语的同义词或近义词只有"劳动""职业""职责"等几个，英语则有 work、job、task、mission、post 等十几个。

（三）汉英语义差异带来的文化效应

汉语与英语的语义差异所带来的文化效应主要体现在以下三个方面。

1. 从词语的记忆和理解来说，汉语比英语容易

在学习这两种语言的过程中，汉语词语更容易被理解和记忆的主要原因体现在以下三个方面：

其一，汉字的组词能力很强，基本上所有的新生词语都是用之前就被大家熟知的字组合而成，所以汉字的总字数不会变。

其二，汉语词语的组合方式以会意方式为主，因此人们不用记住所有的汉字，只掌握比较常用的汉字就能满足一般的学习和生活需求。

其三，由于汉字具有象形特征和会意特征，即便人们遇到没见过的词语，也可以借助组成该词语的汉字的字义来推断整个词语的含义。成语"结党营私"就是一个很好的例子。我们将组成这个成语的四个字拆开来看，可以发现："结"有集结、勾结、纠集之意；"党"有政党、党派、朋党之意；"营"有经营、营造之意；"私"与"公"相对，有个人私利之意。

根据以上分析，可以推断出这个成语的意思是坏人勾结在一起，谋求私利，专干坏事。汉语中这样的例子还有很多，如躺赢、直播带货、网红、刷礼物、游戏装备等。

与汉语相比，英语中的词汇就没有那么容易理解和记忆了。这主要是因为以下两点：

其一，英语中只有单词而没有字，这就造成英语单词的组合能力差一些，很多新词的产生需要人们采用新的表达方法，而且大量表示事物名称的名词都是一词一义，这就造成了英语词汇总量的庞大。

其二，英语这种拼音文字没有象形特征和会意特征，所以自我阐释的功能要弱一些，人们看到没学过的词难以猜测其含义，这就不利于人们在阅读中遇到生词时快速地理解词义。

2. 从词语的表意功能来说，英语词比汉语字精确，而汉语词比英语词精确

汉语中最小的语义单位是"字"，而在英语中，"词"是表层结构最小的语义单位。汉语中有字、词之分，而英语中只有词。汉语中可以单独使用常用字、功能字来描述事物或下达指令，但这部分字在汉字中只占很小的比重。这部分字在语义层面表达的含义比较宽泛、笼统，不是很精确。例如，"车"字可以单独使用，人们可以说"我买了一辆车"，但这辆车具体是什么品牌、什么型号，都无法分辨。在用"车"组词后可以得出"轿车""货车""客车"等词语，由此可以看出汉语中词语表达的意思要比单个字表达的意思更加具体明确。

特别需要注意的是，汉语中有一些字虽然也有基本的、笼统的含义，但是却无法单独使用，因为其表达不了明确的意义。例如，"瞩""愕""窥"等，只有在组成"瞩目""惊愕""窥探"等词后才能正常使用。此外，汉语中还有一部分特殊的具有叠字结构的词语，就是相同的汉字可以重叠使用，如三字重叠词语：

暖洋洋、亮晶晶、肉嘟嘟、傻乎乎、白茫茫、气冲冲、乐滋滋

还有一些四字重叠词语，例如：

高高兴兴、匆匆忙忙、慌慌张张、吞吞吐吐、朝朝暮暮、婆婆妈妈

这些词语的精确程度和形象程度都超过了英语。

3. 从词语的语义表达来说，汉语的概括性更强，而英语的逻辑性更强

分析这两种语言的语义表达可以看出，汉语的概括性较好，而英语的逻辑性较好。汉语的概括性较好主要体现为汉字的概括性较好。该特点在古代汉语中得到了充分体现。例如，孔子曾说："志于道，据于德，依于仁，游于艺。"[①] 这十二个字简单明了地概括出孔子的为人处世之道，

---

① 孔子.论语 [M].杨伯峻，杨逢彬，注译.杨柳岸，导读.长沙：岳麓书社，2018：87.

即"以道为志向，以德为根据，以仁为依靠，而游憩于礼、乐、射、御、书、数六艺之中"。

因为英语单词的表意相对精确，英语句子具有严密的句法结构，所以英语的逻辑性很强，使用英语进行辩论演讲、说理分析会很有优势。

第二节　汉英词汇对比与翻译

一、汉英词汇对比

（一）构词方式对比

汉语和英语的构词方式多种多样，由于篇幅有限，此处只介绍三种主要的构词方式，即词缀法、缩略法和复合法。

1. 词缀法

我们应当知道词是由语素构成的，语素也可以称为词素。词素分为两大类：词根和词缀。其中，词根是词语结构体的基本组成部分，意义比较实在；词缀是词语结构体的附加部分，通常没有具体的意义，主要起构词作用。词缀法就是在词根的基础上添加词缀构成新词的方法。

（1）汉语词缀法。汉语中词缀的用法主要是以表示意义的词根为基础添加词缀。与英语词缀相比，汉语词缀的数量是比较少的，且需要添加词缀的情况不止一种。具体分析，汉语中添加词缀构成新词的形式主要有三种，分别是添加前缀、后缀以及中缀。

其中，添加前缀的构词法是指词缀在前、词根在后的构词方法。一般来说，前缀构词法只会改变词义，不会改变词性。例如：

阿姐——阿妹

小张——小王

老李——老杨

老师——老板

而添加后缀的构词法是指词根在前、词缀在后的构词方法。添加后缀会对词的词性有一定的影响，但词的意义不会有太大改变。其中，后缀又可分为一般后缀和叠音后缀。具有一般后缀的词语如下：

桌子——椅子——胖子

石头——苦头——念头

书法家——科学家——画家

奋斗者——工作者——前进者

具有叠音后缀的词语如下：

暖洋洋——美滋滋

白茫茫——绿油油

冷冰冰——热乎乎

乐陶陶——笑哈哈

添加中缀的构词法是指在两个汉字中间添加词缀的构词方法。例如：

来得及——跑不掉——打不倒

（2）英语词缀法。词缀法是英语构词法的核心，英语中的词缀法主要有两种，即前缀法和后缀法。

按照意义划分，英语中的前缀可大致分为九类，即表示否定、表示贬义、表示方向或态度、表示时间或次序、表示反向或反义、表示程度或大小、表示位置、表示数量的前缀，以及其他前缀。以下是英语中利用前缀法构词的部分示例：

international——国际组织

unknown——不知情的

misunderstand——误解

anti-body——抗体

contrast——对照，对比

forever——永远

underground——地下

miniskirt——迷你裙

reconsider——重新考虑

extract——提取

neonatal——新生的，初生的

在后缀构词法中，根据构成新词的词性，后缀可以分为以下四类：

其一，名词后缀。名词后缀只用来构成名词，如 -age，-ness，-ion，-ee 等。

其二，动词后缀。动词后缀可以加在名词或者形容词后构成动词，如 -ate，-en，-ize 等。

其三，形容词后缀。形容词后缀用于构成形容词。比较常见的形容词后缀有 -able，-al，-ful，-ive 等。

其四，副词后缀。副词后缀只能用于构成副词，如 -ly，-fold，-wise 等。

2. 缩略法

缩略法简单来说就是对字或者词进行缩略或者简化的构词方法。

（1）汉语缩略法。汉语中的缩略法主要有四种，即选取式缩略法、截取式缩略法、数字概括式缩略法和提取公因式缩略法。其中，选取式缩略法和截取式缩略法是较为常用的两种构词方法。

选取式缩略法，顾名思义，就是将词语中具有代表性的字选取出来组成新词的构词方法。例如：

文学艺术——文艺

少年先锋队——少先队

北京外国语大学——北外

中央戏剧学院——中戏

截取式缩略法就是用名称中一个有代表性的词代替原来全称的构词方法。例如：

南开大学——南开

进口、出口——进出口

春季、夏季——春夏

广东、广西——两广

（2）英语缩略法。英语中的缩略法主要有四种：节略式缩略法、字母缩合式缩略法、混合式缩略法、数字概括式缩略法。在此主要介绍前三种。

其一，节略式缩略法指截取整个单词中的一部分，省略另一部分的构词方法。例如：

取头去尾：Monday——Mon

去头取尾：earthquake——quake

去头尾取中间：influenza——flu

取头尾去中间：department——dept

其二，字母缩合式缩略法是指提取一个短语或名称中的首字母或其中的某些字母缩合成新词的构词方法。例如：

kilogram——kg

其三，混合式缩略法主要有两种：选取短语或名称的两个成分 A、B 的部分缩合成新词的构词方法，选取成分 A 或 B 的部分加上另一种成分 A 或 B 的全部缩合成新词的构词方法。例如：

A+B 尾：tour+automobile——tourmobile（游览车）

A 头 +B 头：teleprinter+exchange——telex（电传）

A 头 +B 尾：fruit+juice——fruice（果汁）

3. 复合法

复合法是指运用两个或两个以上的字或者词，按一定的排列顺序构成新词的方法。

（1）汉语复合法。在汉语中采用复合法构成的词语不是从词性角度区分，而是从词素之间的关系角度区分，即动宾关系、主谓关系、并列关系、动补关系、偏正关系等。例如：

并列式：好赖、思想、平均

主谓式：地震、心跳、海啸

动宾式：打字、看书、听音乐

动补式：开发、照亮、戳穿

偏正式：蓝色、重物、铁拳、乒乓球

（2）英语复合法。复合法是英语中一种重要的构词法。根据复合词的词性，英语复合词可以分为三种，即复合名词、复合动词以及复合形容词。其中，复合名词又是英语中较为常见的复合词。复合名词的构成形式有名词 + 名词、动词 + 名词、形容词 + 名词、副词 + 名词、介词 +

名词等。例如：

football——足球

haircut——理发

deadline——截止日期

handwriting——书法

英语中复合形容词的构成形式有名词＋形容词、形容词＋名词、动词＋名词、形容词＋形容词、形容词＋ing、副词＋形容词等。例如：

life-long——终身的

half-hour——半小时的

good-looking——好看的

英语复合动词一般是以复合名词和复合形容词为基础，通过词类转化法或逆生法构成的。例如：

nickname——给……起绰号

undergo——经历

outgo——比……走得远

（二）语义类型对比

语义分类的方法有很多种，此处我们从社会符号学的角度把语义分为指称意义、言内意义和语用意义三种，并分析汉英两种语言在这三方面的异同。

1. 指称意义

指称意义是指某一词语的基本意义。在汉语和英语中，有一部分词语的指称意义并没有太大的差别，只是表述方式有所不同，如 teacher 一词，在汉语中可用"先生""教师""老师""导师""师傅"等词语代替。当然，也有指称意义宽窄不同的情况，如汉语中有些词语的指称意义比英语中同类词的指称意义宽。例如：

山——hill，mountain

门——door，gate

笑——smile，laugh

闻——hear，smell

借——lend，borrow

英语中也有一些词语的指称意义比汉语词语的指称意义宽。例如：

wife——老婆、妻子、爱人、内人、老伴、娘子

uncle——叔叔、叔父、姑父、舅父、伯父

brother——哥哥、弟弟、同事、伙伴

president——总统、院长、主席、董事长

另外，有些词语还存在一些语义或形式空缺的情况，如表示中国二十四节气的惊蛰、雨水、谷雨、大暑、小暑等词语，就很难在英语中找到对应的词语；而英语基督教文化中的一些词语也给汉语翻译带来一定的困难，如 vicar、priest、clergy、blackcoat 等词的差异因为不太好区分，所以大多数情况下都被译者翻译成"牧师"。

2. 言内意义

社会符号学理论把言内意义定义为在句法关系内部产生的搭配意义。例如，把"我们公司的优秀员工太多了"这句话翻译为"There are too many excellent workers in our company."是不太恰当的，因为 too 在这句话的表达中产生了否定意义，这样翻译会让人以为"我们公司其实不需要这么多的优秀员工"。要解决这一问题，将 too 改为 so 即可。又如，把"她的家像迷宫一样又大又豪华"这句话翻译为"Her home is as big and luxurious as a fancy house."也是不合适的，因为 fancy house 是英语中的一个固定搭配，意思是"妓院"，这说明在特定的表达中，fancy 产生了特定的言内意义。

3. 语用意义

语用意义指的是发话人话语交际时的真正意图和交际目的。由于跨文化交际的双方在语言、思维、审美等方面存在较大的差异，一些词语的语用效果会有所差别，如"Avon roll-on anti-perspirant deodorant"这一商品名称可直译为"雅芳滚动止汗除臭剂"，也可考虑汉语中对语言美的要求，翻译为"雅芳走珠止汗香体露"。

（三）语义关系对比

对比汉英词语的语义可以发现，汉语词语和英语词语的语义关系主要有以下四种。

1. 完全对应

汉语和英语中的部分词语在语义上是完全对应的。这类词语主要是专有名词、术语和常见事物的名称，一般具有通用译名。例如：

胡同——hutong

四合院——siheyuan

旗袍——qipao

2. 部分对应

汉语和英语中还有一部分词语的语义是部分对应的。这个问题类似前边提到过的两种语言中词语意义宽窄不同的问题。例如，英语词语范围广，与之对应的汉语词语范围窄；或汉语词语范围广，而与之对应的英语词语范围窄。

（1）汉语词语范围宽。例如：

叫——call，cry，shout

拿——take，bring，fetch

（2）英语词语范围宽。例如：

river——江、河

net——网、网络

3. 交叉对应

汉语和英语中都存在一词多义的现象。其中，英语多义词的多重意义分别与汉语中不同的词语相对应，这就是交叉对应。要想确定汉语多义词的意义，需要综合考虑上下文的语境和句子想表达的含义两方面的因素。汉英语义交叉对应示意图如图 3-1 所示。

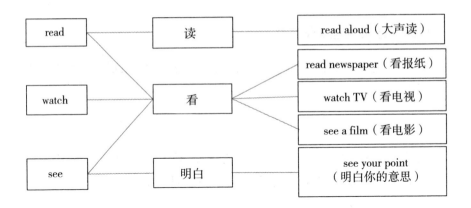

图 3-1　汉英语义交叉对应示意图

分析图 3-1 可知，英语词语 read、watch、see 与汉语词语"读""看""明白"的语义呈现出交叉对应的情况。

4. 不对应

受各自语言文化因素的影响，英语和汉语中的有些词语被赋予了特殊的社会文化内涵，这类词语一般难以在对方的语言中找到含义相同或相似的词语表达。这一现象被称为词汇空缺。例如：

macaron——马卡龙

bikini——比基尼

chocolate——巧克力

santa claus——圣诞老人

pasta——意大利面

糖葫芦——tanghulu

宣纸——rice paper

风水——fengshui

年画——New Year picture

二、汉英词汇翻译

（一）汉英词汇直译

汉英词汇翻译可采用直译法，这样可最大限度地保留源语文化的特征。在把汉语翻译为英语的实践活动中，很多中国传统美食的英文表达就是使用的直译法。例如：

牛肉面——beef noodles

饺子——dumpling

包子——steamed stuffed bun

源语文化中某些特有的事物或制度也是采用直译法翻译的。例如：

纸老虎——paper tiger

一国两制——one country，two system

burn one's boat——破釜沉舟

fan the flames——煽风点火

需要注意的是，为了避免目的语读者产生误解，译者在使用直译法进行翻译时应避免生搬硬套。

（二）汉英词汇意译

在把汉语翻译为英语的过程中，会遇到一些汉语中特有的拟声词。这些拟声词在汉语表达中的作用是增强文章的表现力、美化文章的语言。但在翻译过程中，由于汉英表达方式的差异，过度的翻译不仅起不到美化语言的作用，还会使行文重复，表现力降低。因此，译者在翻译汉语拟声词的过程中，可以根据实际情况采取意译的方式，翻译出拟声词的表面含义即可。例如：

原文：

正在这时，恰巧有一群小孩也来看茶花，一个个仰着鲜红的小脸，甜蜜蜜地笑着，唧唧哇哇叫个不休。

译文：

Just at that moment, a group of children came to see the camellias. Each with a red face lifted and a honey-sweet smile, they carried on like little chatterboxes.

原文中的拟声词"唧唧哇哇"生动形象地表达了孩子们愉悦的心情，极富感染力。考虑到英语表达中有语言简洁的要求，译者采用意译法进行翻译，将其翻译为 like little chatterboxes，传达出了原文的真实含义。

（三）汉英词汇音译＋增译

源语中有一些物象或意象是源语文化中特有的，承载着源语文化的精神和内涵，这一部分内容往往在其他语言文化中是没有的，是其他表达不可替代的，此时译者可以考虑采用音译法保留其文化特征。例如，中国的美食翻译：

馒头——mantou

窝头——wotou

东坡肉——Dongpo pork

北京烤鸭——Beijing roast duck

又如，2022 年北京冬奥会的吉祥物名称翻译：

冰墩墩——Bing Dwen Dwen

雪容融——Shuey Rhon Rhon

除此之外，由于汉英词汇的语用意义并不是完全对应的，译者在翻译过程中如果只采用音译法或者意译法，翻译出的译文会让读者难以理解。为了在翻译中保留词汇的语用意义，译者应尽量在音译或意译的基础上再进行解释性的翻译，从而使译文与原文达到语义上的对等，以便于读者理解和把握。例如，"包青天"一词是中国文化所特有的，是铁面无私、一心为民、刚正不阿的官员形象，而这一意象在英语文化中是缺失的，目的语读者无法展开联想，此时译者可采用增译法，将其译为"Judge Bao——the just and impartial judge in Chinese history"。

（四）汉英词汇借译

由于世界各国、各民族所处的地域环境、气候条件有一定的相似之处，并且在生产、生活过程中会有一些类似的体验或经历，汉语和英语中也存有一些内涵意义类似的词汇，这就是词汇的文化重合。在翻译这类词汇时，译者可以直接借用目的语文化中含义近似的词组或表达方式生动准确地传达出源语文化的内涵。例如：

原文：

化干戈为玉帛。

译文：

Beat swords into ploughs.

"化干戈为玉帛"是地道的汉语表达，"干戈"原指打仗，"玉帛"是玉器和丝织品的代称，是中国古代诸侯会盟朝聘时会带的礼品。"化干戈为玉帛"的意思是把战争转变为和平。若采用直译法，"干戈"和"玉帛"很难被目的语读者理解，译者还要解释这一典故，比较麻烦。英语中 beat swords into ploughs 这一短语的意思是将铁剑打制成铁犁，暗指人们不再动用武力，而是开始进行农业生产建设，与"化干戈为玉帛"有异曲同工之妙，因而可以代指源语的语用意义。又如：

silence is gold——沉默是金

ten to one——十之八九

have one foot in the grave——风烛残年

teach fish to swim——班门弄斧

第三节　汉英句法对比与翻译

一、汉英句法对比

句法主要研究句子的各个组成部分以及它们的排列顺序。汉语和英语在句法方面的对比主要体现在基本句型句式、主谓结构和时态等方面。

（一）汉英基本句型对比

英语中的基本句型只有五种，即主谓句型、主谓宾句型、主谓表句型、主谓＋双宾语句型、主谓宾＋宾语补语句型。各种类型的长短句（如组合句、倒装句、变式句等）都是根据这几种基本句型演变而来的。与英语句型相比，汉语的句型更加丰富。按照表意功能与表达方式划分，汉语句型可分为说明句、描述句、话题句、呼吁句、存现句、有无句、施事句、祈使句、关系句。

1. 汉语常用基本句型

（1）说明句：主题语 + 说明语。

示例：今天星期五。

译文：Today is Friday.

（2）描述句：主题语 + 描写语。

示例：屋子空空荡荡。

译文：The room is empty.

（3）话题句：话题语 + 评论语。

示例：撒谎他不会。

译文：He won't lie.

（4）呼吁句：在交谈过程中相互应对或感叹的句子。

示例：是的，她是一个伟大的母亲！

译文：Yes, she is a great mother!

（5）存现句：表示人或事物存在、出现或消失的句子。

示例：远方走来了一个模糊的人影。

译文：A vague figure came from afar.

（6）有无句：所有者 + 所有物。

示例：我有车。

译文：I have a car.

（7）施事句：施事者 + 动作语。

示例：她在尝试做一道美食。

译文：She is trying to cook a delicious food.

（8）祈使句：表达要求、命令或请求的句子。

示例：请回答我的问题。

译文：Please answer my question.

（9）关系句：用于表达各种关系的句子。

示例：因为他学习非常努力，所以他考上了大学。

译文：Because he studied very hard, he was admitted to the university.

2. 英语常用基本句型

（1）主语 + 谓语。

示例：The doorbell rang.

译文：门铃响了。

（2）主语 + 谓语 + 宾语。

示例：The kid surprised me.

译文：这个孩子让我感到惊讶。

（3）主语 + 谓语 + 表语。

示例：Tom looks happy.

译文：汤姆看起来很高兴。

（4）主语 + 谓语 + 间接宾语 + 直接宾语。

示例：She provided us a comfortable room.

译文：她给我们提供了一个舒适的房间。

（5）主语 + 谓语 + 宾语 + 宾语补语。

示例：He painted the wall yellow.

译文：他把墙涂成了黄色。

（二）汉英句式对比

对比汉语句式和英语句式，可以发现汉语多短句，英语多长句。究其原因，主要是汉语属于意合语言，注重语义的表达，因此要将不同的含义放在不同的句子中表达出来；而英语是形合语言，注重结构的完整，只要结构允许，不同的意思也可以放在一个比较长的句子中论述。例如：

原文：

人们对历史研究方法产生了兴趣，这与其说是因为外部对历史作为一门知识学科的有效性提出了挑战，还不如说是因为历史学家内部发生了争吵。

译文：

Interest in historical methods had arisen less through external challenge to the validity of history as an intellectual discipline and more from internal quarrels among historians themselves.

在这一示例中，译文是一个非常典型的英语长句。整个句子由 27 个单词组成，中间没有使用一个标点符号，全靠语法结构 less through...and more from 传达含义，构成一个复杂的状语来修饰动词 arisen。而在原文中，"产生兴趣"这一内容是用一个独立的句子表达出来的。

（三）汉英主谓结构对比

虽然汉语和英语的句型和句式差异较大，但也有相同之处，如都含有主谓结构。但汉语和英语的主谓结构也不是完全一致的，而是存在一定的差异。相对于英语而言，汉语的主谓结构更加复杂，这主要体现在两个方面。

其一，在形式上，汉语主语类型多样，并且只要符合语法规范且不影响句子理解，既可以出现，也可以不出现。

其二，在语义上，汉语主语既能表示施事者，又能表示受事者；既能表示时间，又能表示地点；既可以是名词，又可以是动词或者形容词。

在英语句子中，主语是不能缺失的，并且有严谨的主谓一致的规定，通常由名词性短语和动词性短语构成。也就是说，英语句子具有主次分明、层次清晰、逻辑清楚、严谨规范的特点。例如：

原文 1：

作业（受事主语）写完了。

译文 1：

The homework has been finished.

原文 2：

全村到处在盖新房。

译文 2：

New houses are being built all over the village.

在第一个示例中，"作业"和 the homework 分别是句子的主语，且都表示受事主语；但汉语句子中的"作业"在有上下文语境支持的情况下可以省略，不影响读者理解，而英语句子中的 the homework 则不能省略，只能用代词代替。第二个示例中汉英主语表示的意义并不相同，汉语句子中"全村"表示地点主语，而英语句子中的 new houses 仍表示受事主语。

（四）汉英时态对比

汉语句子多使用主动语态，虽然汉语中也有"被"之类的词表示某个动作的发生是被动的，但这种表达只有很小一部分；而在英语句子中，被动语态是很常见的，因此汉语中的很多主动表达翻译成英语就变成了被动表达。例如：

必须指出——it must be pointed out that

必须承认——it must be admitted that

人们认为——it is imagined that

不可否认——it cannot be denied that

由此可知——it will be seen from this that

必须认识到——it should be realized that

人们（总是）强调——it is (always) stressed that

可以毫不夸张地说——it may be said without fear of exaggeration that

根据以上示例，我们可以看出英语中被动语态的使用是比较频繁的。在这里，译者需要注意，不是所有的内容都适合翻译成被动语态。翻译成主动语态还是被动语态是由上下文语境决定的。例如，在翻译前人的研究成果时，译者应多使用被动语态，因为需要阐述事物的客观性；而在翻译自我介绍时，译者应多使用主动语态，这是为了提升陈述者的自我意识。

二、汉英句子翻译

（一）顺序译法

当汉语句子的叙述层次与英语句子基本一致时，就可以按照汉语句子的表达顺序将汉语翻译成英语。这种按照源语文本的顺序，把句子从前往后进行翻译的方法叫作顺序译法。正确使用顺序译法，既不会改变源语文本的表达顺序，也不会影响对源语文本内容的传递。例如：

原文 1：

如果你不来，我们就取消这次谈话。

译文 1：

If you don't come, we'll cancel the conversation.

英语句子中对信息的重要性与次要性分得很清楚，要求把主要的、重点的信息放在突出位置，把次要信息作为辅助性的表达或叙述手段。在翻译汉语句子时，译者要注意把句子中隐藏的主次关系发掘出来、描述出来。例如：

原文 2：

我们喝茶时，我不停地打量着她，看她那纤纤玉手，典雅的举止，亮晶晶的黑眼睛，清秀而没有表情的面庞。

译文 2：

When we had tea, I could not take my eyes from her small, delicate hands, the graceful way she moved, her bright, black eyes, and expressionless clear face.

原文的主干是"我打量着她"，后边阐述的都是"我"看到的细节。

（二）换序译法

换序译法又可称为顺序调整法，这种方法主要是通过变动原文某一组成部分的位置来达到使译文逻辑清晰、表述合理、语句通顺的目的。在汉语文化中，人们经常强调语句表达的先后顺序，因此汉语表现为意合的语义型语言，句子的含义要通过句子组成部分排列的先后顺序体现出来。而英语文化中人们通常用理性思维思考与描述问题，因此英语表现为形合的分析型语言，其句子的含义要通过逻辑关系体现出来。例如：

原文 1：

世界各国的医学专家们多年来一直致力于构建一整套科学的有关人体健康的标准体系。

译文 1：

For years, medical experts from different countries have committed themselves to establishing a set of scientific standard system for human health.

原文的主干是"专家们……构建……体系"。句中的其他部分则充当定语、状语等。

原文 2：

在那场战争中，这道城墙开始出现许多裂痕。

译文 2：

Many cracks began to appear on the city wall during that war.

原文的主干是"城墙……出现……裂痕"。译者在翻译过程中将原文的宾语翻译成主语，主语则充当了状语。

（三）断句译法

断句译法也可称为分译法或拆句法，主要做法就是对源语文本进行层次上的划分，把之前的一个句子翻译成两个甚至更多的句子。断句译法的主要原则是首先读懂原文，分析句子之间以及每个句子内各部分之间的关系，然后根据英语的表达习惯断句、拆句或并句。译者采用断句译法翻译时，要保证内容完整、逻辑清晰、结构合理，符合目的语的表达习惯。

具体分析，对于汉语长句翻译，首先需要找到句子的主语、谓语和宾语，然后找出修饰主语和宾语的定语或定语从句，以及各组成部分的修饰语。

（1）如果一句话中包含两个或两个以上层次的意思，却只有一个主语，那么翻译时一般选择在第一层意思处断句，将之后的一个或几个层次译为另一句，且这一句的主语可以用代词代替。例如：

原文 1：

在软木塞上钻一个小孔，// 将一根玻璃管插入软木塞的孔中。

译文 1：

Make a hole through the cork. // Push a tube through the hole in the cork.

原文主语省略，译文被断成两句。

（2）如果一句话中包含两个或两个以上层次的意思，且不同的短句有不同的主语，翻译时通常会重新设置一个主语。例如：

原文2：

不一会儿，北风小了，路上浮尘早已刮净，剩下一条洁白的大道来，车夫也跑得更快。

（选自鲁迅《一件小事》）

译文2：

Presently the wind dropped a little. By now the loose dust had all been blown away, leaving the road way clean, and the rickshaw man quickened his pace.

（3）如果汉语句子属于"先总述、后分述"或"先分述、后总述"的结构或表示因果关系的长句，在翻译为英语时通常是总述是一句，分述是一句；或者原因是一句，结果是一句。对于先总述、后分述的句子，通常选择在句子开头总分之间断开。例如：

原文3：

但他性情不同：// 既不求官爵，又不交朋友，// 终日闭户读书。

译文3：

He was, however, eccentric. He did not look for an official post, and did not even have any friends. All day he studied behind closed doors.

在上述示例中，源语文本有三层意思，总述过后分述时句子意思有了转折，因此译者选择用一个新的句子使译文的意思更加清晰、易懂。

（四）合句译法

合句译法是汉英句子翻译中比较重要的翻译方法。合句译法是指根据目的语表达习惯和源语的逻辑关系，把源语中关系紧密的两个或多个句子合成一个句子的翻译方法。因为汉语习惯采用短句，而英语惯用长句，所以将汉语翻译成英语时更适合使用合句译法，将含义相近或意思连贯的若干短句合并成较长的复杂句。合理地使用合句译法不仅能调整句子长度，还能使译文语句简练、逻辑清晰、一气呵成。具体分析，合句译法又分为合译为简单句、合译为并列句、合译为复合句和合译为主句带从句四种类型。在此重点介绍第二种和第三种类型。

1. 合译为并列句

合译为并列句是指将源语文本中分开叙述的两个关系紧密的句子翻译为一个句子的方法，此时一般要在两个句子中加上一个连词或者介词。例如：

原文 1：

夜幕降临。她还没有回家。

译文 1：

Night began to fall, but she hadn't come back.

原文 2：

她病了。然而她照旧去上班，并且尽力集中精神工作。

译文 2：

She was ill, however she still went to work and tried to concentrate.

2. 合译为复合句

在将两个或两个以上语义相关又有着逻辑关系的汉语句子翻译成英语时，如果翻译成简单句或者并列句不合适，可以尝试翻译为复合句。根据具体情况，可以翻译为主句带一个或多个从句。例如：

原文 3：

改革价格体系关系国民经济全局，涉及千家万户。一定要采取十分慎重的态度，有计划、有步骤地进行。

译文 3：

As the price system reforms affected every household and the national economy, they must be carried out extremely prudently in a planned and systematic way.

在上述示例中，源语文本由两个句子组成，这两个句子存在因果关系。因此，译者选择把第一个句子翻译成一个由 as 引导的原因状语从句，放在第二句的前边，如此一来，源语文本就被合译成一个包含因果关系的主从复合句。

原文 4：

思想动向问题，我们应当抓住。这里当作第一个问题提出来。

译文 4：

We should keep tabs on ideological trends, which I am taking up here as the first question.

在这个例子中，源语文本由两个句子组成，第二个句子是对第一个句子的进一步说明、强调，译者将这两个句子合译成了一个非限制性定语从句。

第四节　汉英语篇对比与翻译

一、汉英语篇对比

（一）语篇的定义

学术界对于语篇的定义并无统一的标准，因为这是一个有争议性的话题。学者胡壮麟认为，语篇是指任何不完全受句子语法约束的、在一定语境下表示完整语义的自然语言。① 也就是说，语篇没有限制篇章内容的格式与大小，可以小到一个词或词组、一个小句，也可以大到一首长诗、一篇散文。基于此定义和分析，学者张德禄将语篇概括为具有意义的一个单位。② 本书结合以上两位学者的研究，将语篇定义为由词、词组、小句到多个句子组成的具有意义的单位。③

（二）汉英语篇在众多方面的对比

1.汉英语篇在词汇方面的对比

（1）段落是语篇的重要组成部分，在构成段落的词汇上，汉语呈现出多重复、少变化的特点，英语则呈现出多变化、少重复的特点。英语

---

① 胡壮麟.语篇的衔接与连贯 [M].上海：上海外语教育出版社，1994：1-19.

② 张德禄.功能文体学 [M].济南：山东教育出版社，1998：229.

③ 杨元刚.新编汉英翻译教程 [M].武汉：华中师范大学出版社，2012：210.

词汇的这一特点是为了避免语言乏味，突出交流的多样性、丰富性。例如，在连续描述或表达自己的观点时，英语中习惯轮流使用 I think、I believe、I suppose、as for me 等词组。相比较而言，汉语中这方面的要求没有那么多。

（2）汉语中多推理，英语中多引申和解释。在英语语言研究中，我们经常可以看到这样两句话：

① You know a word by the company it keeps.

② Words do not have meaning, but people have meaning for them.

第一句话的意思是要想了解一个词的含义，关键要看和它在一起的词语；第二句话的意思是词语本来没有什么含义，是使用它的人们赋予了它诸多含义。这两句话都在说词典上对词的定义和解释是死的，但在实际的表达和运用中词又是活的。在翻译活动中，从源语文本的角度出发，这种灵活运用指的就是对词义和词的用法的引申，因而译者在翻译时要准确把握这种引申含义，以保证译文表达无误。

与此同时，译者在翻译过程中还会遇到一种问题，那就是某个单词明明认识，可就是不知道具体怎么翻译合适，其实这就是词的引申义在起作用。例如：

原文 1：

我上周五买了一辆车，蓝色的。

译文 1：

I bought a car last Friday and it is blue.

通过这个例子我们可以看到，it is 的表达在原文中是没有的，但在译文中却出现了，并起到回指作用，这其实也涉及英语中词义的引申。

2. 汉英语篇在句法方面的对比

在句法方面对比汉英语篇，可以发现汉语中句子的重心多放在后边，而英语中句子的重心多放在前边。这主要是因为受思维习惯和社会文化等因素的影响，汉语在构建语篇时习惯先论证后提出观点，通过对事实的阐述得出相应的结论，通过对原因的介绍得出事情的结果，即句子表达重心在后。英语则完全相反，通常是先阐述观点后加以论证，即判断在前、事实在后或结果在前、原因在后。例如：

原文 2 ：

由于贵国政府的提议，才得以这样快地重新实现访问。这使我感到
特别高兴。

译文 2 ：

I was all the more delighted when, as a result of the initiative of your
government, it proved possible to reinstate the visit so quickly.

在上述示例中，汉语和英语语句都在陈述事情发展的因果关系。很
显然，汉语语句是先原因后结果，英语语句是先结果后原因。也就是说，
把重要信息放在后边讲的就是汉语中的后重心表达方式，把重要信息放
在前边讲的就是英语中的前重心表达方式。

总而言之，译者在汉译英过程中需要注意汉语语句和英语语句的重
心在句中的位置差别较大，如果在翻译时不加以调整，可能会造成目的
语读者理解上的不便。译者只有了解了这些区别和差异，才能对汉译英
有正确的认识，才能较好地完成翻译任务。

3. 汉英语篇在多个句子合成方面的对比

汉语中由多个小句组成的语篇更注重语句的自然衔接与连贯。通常
情况下，汉语语篇使用一些词语来实现自然衔接与语句连贯。汉语语篇
的这一表达特征与英语语篇相比，存在一些差异。其突出表现为汉语多
例证，英语多论证。

在汉语语篇中，例子的证明作用比较明显，而英语语篇却正好相反，
在证明语篇观点时，通常使用演绎法或归纳推理法来论证，一般只会举
一个例子来解释说明观点的合理性。例如，当用汉语和英语证明读书很
重要这一观点时，汉语语篇一般是通过各种名人名言、伟人事迹来论述
努力学习对取得成功的重要意义；相比之下，英语语篇则更加理性，一
般会从读书是什么、为什么要读书和怎样读书才正确三个不同的角度去
论证。英国学者培根在《论读书》一文中，首先介绍了人们为什么要读
书，即读书的重要性，然后在此基础上介绍了三种常见的读书方法，论
述了哪一种才是较为正确的，从而引发了人们对读书的思考，达到了书
写该文章的目的。

此外，需要注意的是，以上规律不是毫无区别地适用于所有文体，这

里的文体是指独立成篇的文本样式，是文本构成的规格和模式。它属于形式范畴，反映了文本从内容到形式的整体特点，如商务文体、科技文体、法律文体、文学文体等。基于此方面的考虑，译者在翻译之前，首先要了解文章的文体，根据文体设置相应的翻译标准，然后再开始翻译。

二、汉英语篇翻译

在结构上，语篇是比句子大一级的语言单位；在实际应用中，语篇也可以是一个单词。但无论篇幅的大小，组成语篇的各个成分在表达形式上都应是上下衔接的，在语义上都应是互相连贯的。在汉英翻译实践过程中，译者应考虑汉语和英语在表达形式上的差异，如语篇衔接上的差异，进而选择恰当的翻译方法，这样才能将源语文本翻译得意义准确、表达通顺、衔接流畅，才有利于实现两种语言文化的等值。因此，译者应解决好语篇衔接和连贯的翻译问题。

（一）语篇衔接的翻译

"衔接"这一概念最早是由英国当代语言学家韩礼德提出的。中国的翻译家通过学习和借鉴韩礼德与哈桑在语言学方面的研究成果，从照应、替代、省略等角度出发，创造了语篇翻译的衔接方法。事实证明，无论采用何种方法衔接，都要使篇章连贯，但衔接方法本身可以是显性的或隐性的。

1. 照应

照应是一种重要的衔接手段，照应手段的指导理论来自韩礼德和哈桑的照应关系理论。韩礼德提出，在语篇中，如果对于一个词的解释无法从词语本身获得，而必须从该词语所指代的对象中寻求答案，这就产生了照应关系。[①] 根据照应对象的特点，照应可分为三种，即人称照应、指示照应和比较照应。由于照应在英语中出现的频率远远高于在汉语中出现的频率，译者在阅读源语文本时要注意找到照应关系，并在翻译时添加在汉语中被省略的内容。例如：

---

① 韩礼德，哈桑.英语的衔接：中译本 [M].张德禄，王钰纯，韩玉萍，等译.北京：外语教学与研究出版社，2007：38.

原文1：

每年农历十二月二十以后，海岛上的居民便开始进入过年倒计时。先搞卫生，掸去一年尘土。接着准备食品，做年糕、炒倭豆、炒番薯片、打米花糖。二十五、二十六起，家家户户开始"谢年"：祀祖先。

译文1：

Every year after the 20th of the lunar 12th month, inhabitants on the island would start their countdown to the Spring Festival. They would sweep their houses clean, flickering every bit of dust off the furniture. After that they begin to prepare various foods: steamed New Year cakes, fried beans, fried sweet potato chips, and baked rice cookies. On the 25th and 26th of the month, households start their "New Year Thanks-giving" rites to pay homage to their ancestors.

在上述示例中，源语文本中的第二句话"先搞卫生……"和第三句话"接着准备食品……"并没有添加主语，但根据上下文语境可知，这两句话的主语就是第一句话中的主语"海岛上的居民"，因此译者在翻译时用人称代词they作了补充；同理，为了使译文行文流畅、易于理解，译者还在第二句话和第四句话中添加了符合目的语表达习惯的物主代词their、说明时间顺序的介词after以及指示代词that。

2. 替代

替代也是语篇衔接的重要手段。学者黄国文认为，在翻译过程中，译者可以用do、one、so等替代词来取代在上下文中重复出现的内容。①这样可以避免赘述，实现语篇表达的连贯、顺畅。这种手段在英语语篇中比较常见。因此，在汉译英的过程中，译者应当参照英语语篇的表达习惯，在适当的地方将汉语中重复的词语或表达用替代词表现出来。例如：

原文2：

你们到农村看过吗？我们真正的变化还是在农村，有些变化出乎我们的预料。

---

① 黄国文. 语篇分析概要 [M]. 长沙：湖南教育出版社，1988：104-109.

译文 2：

Have you been to our countryside? The real changes have taken place there, and some of them have exceeded our expectations.

　　在这个例子中，为了避免重复表达，译者分别使用 there 和 them 代替了源语文本中的"农村"和"变化"。

原文 3：

中华文明同古埃及文明、古巴比伦文明、古印度文明、古希腊文明等，都是人类文明的起源。

译文 3：

The Chinese civilization, together with those of ancient Egypt, Babylonia, India, and Greece, is the source of human civilization.

　　在源语文本中，"文明"作为句子的主语，一共出现了六次；为了符合英语的表述习惯，也为了语言简洁、避免赘述，译者选择用 those 代指第二次到第五次出现的"文明"。

3. 省略

　　省略与替代的功能基本相同，是指在不改变语法功能与不影响语言表达的基础上，去掉句子结构中的某个成分，达到突出主要信息，使译文更加流畅的目的。例如：

原文 4：

我们历来主张尊重世界文明的多样性，倡导不同文明之间的对话、交流与合作。

译文 4：

We have always upheld the respect for the diversity of civilizations and the dialogue, exchanges and cooperation among them.

　　在这个例子中，源语文本中的"世界文明"就是指世界上各种不同的文明，所以译者用 them 指代 civilizations；与此同时，由于"主张"和"倡导"的基本含义相同，在连接两个具有并列关系的句子时，译者选择省略后边的动词。

（二）语篇连贯的翻译

在介绍完语篇衔接的翻译之后，我们再来看语篇连贯的翻译。要想了解语篇连贯的翻译，就要弄清楚衔接与连贯之间的关系。目前学术界较为认可的关于衔接与连贯之间关系的观点如下：衔接是形成连贯的重要条件，使用衔接手段可以有效促成语篇的内在连贯；而连贯属于语篇本身的一种内在状态。具体分析，衔接是一种表层结构，是通过语法手段和词汇手段来实现语篇在结构上的连接；连贯是一种深层结构，是语篇在语义上和逻辑上的连接。

语篇连贯具体又可分为语义连贯、认知连贯、语法连贯、文体连贯等类型。语篇连贯是译者做好翻译工作的前提。因此，译者应充分理解原文，找出语义连贯、认知连贯与目的语读者认知环境之间的深层关系，从而选择恰当的语篇形式，重新架构原文，并使用解释性翻译等翻译技巧译出原文的内涵，争取使译文对目的语读者产生的效果与原文对源语读者产生的效果相同。

1. 语义连贯

从语义角度出发，语篇的连贯性局部表现为语篇中前后相连的句子之间的语义联系，总体表现为句子意义与语篇的宏观结构，即语篇主题之间的联系。考虑到不同语言文化的差异性，目的语译文的语言形式不可能等同于源语文本的语言形式，为了更好地体现源语文本的语义连贯特征，译者应在翻译时进行适当的变通与调整。例如：

原文 1：

他走了几步，回头看见我，说："进去吧，里边没人。"

（朱自清《背影》）

译文 1：

Upon walking a few steps, he looked back at me and said, "Go back to your seat, as you leave alone your things in the train."

在这个例子中，源语文本中的"进去吧，里边没人"被译为"Go back to your seat, as you leave alone your things in the train"。如果不联系上下文，我们可能想象不到"进去吧"与"里边没人"之间的直接联系，但只要了解了故事的内容，就能明白这两句话之间的自然关联。"我"从车里出来送父亲离开，由于"我"的行李和父亲给"我"买的橘子都在车上，如果"我"不上车守着自己的东西，这些东西可能就会被人拿走。可见"进去吧"与"里边没人"之间存在着因果联系。因此，译者在译文中加入了表示因果关系的 as，同时把"里边没人"翻译成了"you leave alone your things in the train"。

2. 认知连贯

从认知角度分析，语篇的连贯性受语篇接收者在理解语篇过程中的心理运算和认知推理因素影响。也就是说，在翻译过程中，如果目的语文化中缺少这种认知信息，那么译者就需要对缺失的这部分内容加以解释或注释。例如：

原文 2：

……可是直到近三十岁，才知道孟姜女哭夫哭倒了万里长城的故事。

译文 2：

...but I did not know until I was about thirty that when Meng jiangnu cried over the bones of her husband who had died building the Great Wall in conscript labor, the torrent of her tears washed away a section of the Great Wall.

"孟姜女哭长城"是中国一个比较著名的民间故事。在这个例子中，原文是一个主谓结构的简单句，但译者却把这个简单句翻译成了英语中的复杂句，译文不单字数增多，而且信息量明显增大，其主要原因是在目的语读者的认知语境中缺少该典故的文化信息预设，因此译者应对此进行补充，如"who had died building the Great Wall""bones"等。

第四章　汉英语言文化对比与翻译

语言和文化密不可分，翻译本身也是一个文化问题。翻译研究必然会涉及两种语言文化的对比研究。因此，语言文化的差异自然就成为翻译研究的主要对象，而通过语言文化对比研究了解和把握语言文化的异同成为翻译研究的首要任务和基本途径，也成为翻译实践的助力器。具体来说，在翻译实践的过程中，无论是从对原文词义、句式的正确理解到译文语句的准确表达，还是从翻译作品的主题意义到意境、风格的把握，都离不开对比这一环节。

第一节　汉英修辞文化对比与翻译

在汉英翻译的实践过程中，很多刚入门的译者经常会有这种困扰：为什么自己的译文读起来总是那么蹩脚？换句话说，为什么自己的英语（或汉语）不够地道？其中的原因是多方面的，有可能译者还没有完全掌握译入语的修辞规律。事实上，由于不同文化背景下的民族在使用其语言时会采取不同的方式对语言进行加工、润色与调整，汉语和英语不但在词汇、句法等方面有明显的差异，而且在修辞方面，即遣词造句方面具有各自的规律和特点，学会比较并掌握其中的差异，有助于不同文化背景下的人们交际活动的顺利开展，也有利于译者减少翻译中的问题，提高译文的质量。由于篇幅有限，此处仅就两种语言的一般修辞规律展开概略性的对比和探讨。

一、汉英修辞文化对比

（一）形合与意合

相较于汉语，英语是一种更注重形式化的语言。英语注重形式化表达的表现之一就是各分句之间的联系主要是通过词汇中介搭建起来的，如在英语中用 and 表示并列关系，用 but 表示转折关系，用 so 表示因果关系等。也就是说，英语中的各种连接词作为一种形态标记得到了广泛的应用。和英语不同的是，一般情况下，汉语各分句之间的联系主要是由语序和逻辑间接地呈现出来的。这并不是说汉语中没有连接词，而是说尽管汉语中存在一些连接词，但在表达中，人们经常省略连接词。英语和汉语的这种显著区别可称为形合和意合的区别。考虑到这种区别，一般在英译汉的过程中，译者会将原文的连接词省去；反之，在汉译英的过程中，译者加上合适的连接词。例如：

原文 1：

That is our policy and that is our declaration.

译文 1：

这就是我们的政策。这就是我们的宣言。

从以上示例中可以看出，虽然译文省去了对原文连接词 and 的翻译，但两个句子之间的关系并没有消失，并且很符合汉语的表达习惯。

原文 2：

他身材高大，长相英俊，深受女士们的欢迎。

译文 2：

He is tall and handsome, so he is very popular with women.

从第二个例子可以看出，英文译文比汉语原文多了两个连接词 and 和 so，整个句子符合英语的表达习惯，目的语读者读起来会觉得比较通顺。在此，还有一点需要强调一下，那就是英语中的连接词除了常见的表示并列关系、因果关系等明显关系的单词，还有一部分是由关系代词或关系副词充当的，如 that、who、what、which、where 等。

（二）静态与动态

从整体的修辞效果角度分析，英语和汉语的一个明显差别在于英语表达常呈现出静态特征，而汉语表达常呈现出动态特征。具体分析，就是英语中有一种少用动词而选择其他词语表示动作含义的倾向；汉语则习惯较多地使用动词展现动作的特点，汉语中对不同动作的动词分类比较细致就体现了这一点。基于以上区别，译者在汉英互译的过程中要注意选择强化或是弱化源语文本的动态色彩。例如：

原文 1：

That would be the confirmation that it was in general use.

译文 1：

这将证实它的应用是十分普遍的。

原文 2：

我担心你误解了我。

译文 2：

I am afraid of you misunderstanding me.

在第一个示例中，原文使用了静态的表现手法，其修辞意义在于使语言重点突出、简洁明了。但由于汉语属于一种动态语言，译者翻译时要将原文进行动态化处理，如此一来，译文的动作意义就得到了加强，且译文的整体风格变得更加明朗。

在第二个示例中，原文使用了动态的表现手法，动作意义较强，句子表达含义明显，但翻译成英语就要考虑英语的静态特征，将其翻译为一种"误解"的状态。事实上，英语中还有一些名词和形容词能表示动作意义，如名词 look、glance、mention 等，形容词 good、aware、able、angry 等。例如，"一看见老师，学生就感到紧张"可翻译为"The very sight of teacher makes student feel nervous"。

（三）物称与人称

英语的另一修辞特点在于其语言表达的物称选择。具体分析，汉语句子的主语通常是能主动做出一定动作的、有生命的人或事物，而英语句子在选择主语时，经常选择不能主动做出动作、没有生命的事物，如汉语的"我希望……"翻译成比较地道的英语表达是"It is my hope that..."英语的这一特点在其书面语，尤其是新闻、科技论述、学术文献及一些散文中比较突出。也就是说，汉语注重人称表达，英语注重物称表达。

译者在将英语翻译为汉语的过程中，为了使译文符合目的语的表达习惯，通常会把原文的物称主语翻译为人称主语，但有时也会根据原文表达的需要选择性地保留。例如：

原文1：

Bitterness fed on the man who had made the world laugh.

译文1：

这位曾使全世界人发出笑声的人自己却饱受辛酸。

原文2：

His only comment was, "Tell B B C I will broadcast at nine tonight".

译文2：

他只说了一句："告诉BBC，我今晚九时发表广播讲话。"

在第二个例子中，物称主语虽然可以翻译成"他（唯一的）话……"，但还是不如人称主语更加自然和直接。

又如，将汉语翻译成英语：

原文3：

我们家有五口人。

译文3：

There are five people in my family.

原文中的"我们家"属于汉语句子主语类型中的"人类组织形式"，翻译成英语要转换叙述方式，将my family放在句尾，将引导词there放在句首。

（四）被动与主动

汉语多用主动语态、英语多用被动语态这一修辞现象与汉语句子中多人称主语、英语句子中多物称主语有关。事实上，语态的选择与主语形式的使用是相辅相成的。例如，在英语中如果没有物称这一说法，就不会产生被动语态；反之，如果没有被动语态，物称说法就不能成立。

因此，在将汉语翻译为英语的过程中，要将原文的主动句式选择性地翻译为被动句式；译者在将英语翻译为汉语的过程中，要将原文的被动句式选择性地翻译为主动句式。例如：

原文 1：

The challenge from the Third World has always been foreseen by our shipping companies.

译文 1：

我国的航海运输公司总能预见来自第三世界的挑战。

原文 2：

It has been known for a long time that there is a first relationship between the heart and the liver.

译文 2：

长期以来，大家都知道心脏和肝脏的关系最为密切。

第一个例句表明，英语中在不强调动作的发出者时便会将其放在句尾的 by 之后；如果译者觉得没有必要交代其相关信息，就可以选择省略不译。这时可以适当保留源语的被动色彩，也可以根据目的语表达习惯，通过位置的调换对其进行主动化翻译。例如，汉语主动句的翻译：

原文 3：

这所建筑建于中国历史上的明朝。

译文 3：

The building was built in the Ming Dynasty in Chinese history.

在上述示例中，英文译文以被动语态说明了主语的状态，表明动作不是自动产生而是他动产生的，强调了对事物特征的客观描述。

二、汉英修辞翻译方法

修辞是提高译文语言表达水平的重要手段，在汉英翻译的过程中，译者要注意选择恰当的翻译方法翻译源语文本中的修辞。此处主要从词语的修辞翻译角度分析如何提升译者修辞翻译的水平。

（一）用词贴切

在翻译实践过程中，译者应注意词语的选择对译文表达的重要性，要仔细研究、反复推敲源语文本和目的语文本中的词语在范围、轻重、色彩等方面的差别，追求用词的贴切、精当。例如：

原文：

说他调戏汪太太，把她气坏了。

译文：

It was said that he flirt with Mrs. Wang and this got her upset.

在这个例子中，把"调戏"翻译为 flirt with 体现不出原文用词的色彩和分量，可改为 took liberties with。

（二）词语精简

汉语表达常用反复手法，而英语表达崇尚简洁。汉语中的反复手法一般有两个作用：一是为了强调，或是强调语义，或是强调行文色彩，为文章增添一些修饰；二是方便词语搭配，用于平衡行文节奏，增强文章的可读性。但英语并不提倡反复，在汉语中比较常见的这一现象到了英语表达中要么显得不合逻辑，要么显得冗长拖沓，所以译者在翻译时要对这部分表述有所舍弃、省略。例如：

原文 1：

这是革命的春天，这是人民的春天，这是科学的春天！让我们张开双臂，热烈拥抱这个春天吧！

译文 1：

Let us stretch out our arms to embrace the spring, which is one of the revolution, of the people, and of science.

除此之外，汉语中的对比表达结构常含有重复因素，在翻译成英语时也要适当省略。例如：

原文 2：

你要觉得合适就干，不合适就不干。你自个儿看着办吧。

译文 2：

Go ahead if you think the job suits you and don't if not. It's all up to you to decide.

还有一种情况就是汉语表达中会通过在同一句话中重复使用同一词语来表示强调，将其翻译成英语时就要选择用代词或者动词代指。例如：

原文 3：

我说是说过了，但是没有用。

译文 3：

I did persuade him, without avail.

（三）拒绝重复

1. 节奏性重复

在汉语中有一些语义重复的成语，译者在翻译这些成语时不用把其中包含的因素都翻译出来，翻译出某一部分的意思就可以了。例如：

油嘴滑舌——glib tongue

长吁短叹——sighing deeply

精疲力竭——exhausted

随波逐流——swim with the stream

发号施令——issue orders

土崩瓦解——fall apart

两面三刀——two-faced tactics

水深火热——in deep waters

自吹自擂——blow one's own trumpet

2. 搭配性重复

在汉语中使用范畴词会造成语义上的重复。范畴词是具有概括意义、表示事物分类范畴的词语。范畴词经常放在具体词语的后边，对具体词语进行分类、总结，目的是方便与其他词语搭配使用。而在英语表达中，具体的词语就能构成搭配关系，使范畴词变成多余的部分。例如：

原文 1：

据说他对邓的灵活态度印象很深。

译文 1：

He was described as impressed by Deng's flexibility.

原文 2：

那时他们最渴望的就是结束这摇摆不定的局势。

译文 2 ：

What they wanted most was an end of uncertainties.

（四）描述生动

在翻译的过程中，对事情的叙述要合乎逻辑，让读者看了清晰明了；对人物或事物的描写要尽量生动形象，可传递原文的意蕴。此处以"化静为动法"为例，简要介绍翻译时对修辞手法的灵活运用。

原文：

山行六七里，渐闻水声潺潺而泻出于两峰之间者，酿泉也。

（欧阳修《醉翁亭记》）

译文：

A walk of two or three miles on those hills brings one within earshot of the sound of falling water, which gushes forth from a ravine known as the Wine-Fountain.

在这个例子中，译者将"渐闻"这一静态动作的描写用 bring 这一具有动态意义的词语来翻译，使译文更加生动形象。

第二节　汉英习语文化对比与翻译

一、习语的定义

习语是语言中的一种特殊表达，是经过历史的积淀和长期使用提炼出来的固定短语或短句。从语义角度分析，习语是一个不能分割的整体，不能从某一组成部分的意义推测出整体的意义；从结构角度分析，习语的各个组成部分有着各自固定的位置，不能随意拆开或调换。如果说语言是文化的载体，那么习语就是语言的精华。习语讲究音节优美合理、音律协调，有的生动形象，有的含蓄幽默，给人一种美的享受。从广义角度分析，汉英两种语言中习语的涵盖面大体一致。例如，汉语习语通常包括成语、俗语、谚语、俚语、歇后语、行话等，其中只有歇后语是汉民族特有的，英语中没有相应的表达方式。①

二、广义上的汉英习语

从广义角度来说，汉语习语主要包括以下八种（图 4-1）。

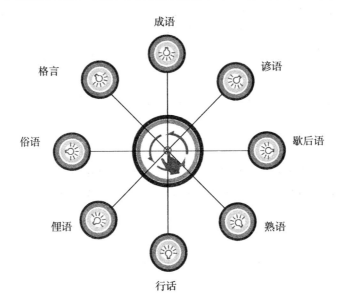

图 4-1　广义上的汉语习语类型

根据图 4-1 可知，汉语习语在其广义范围上主要有八种类型，其中成语是汉语习语的重要组成部分。汉语成语有很大一部分是从古代沿袭下来的，有的是古书上的成句，有的是从古人文章中压缩而成的词组，还有一部分来自人民群众常说的习用语。成语大多是四字结构，字面不能随意更换，具有书面语性质。

谚语和歇后语也是比较常见的习语。谚语是流传于民间的比较简练且言简意赅的话语，多为口语形式的通俗易懂的短句或韵语。歇后语是由两部分组成的固定语句，前一部分多用比喻，像谜面，后一部分是本意，像谜底，通常只说前一部分，后一部分便不言而喻。例如：

---

① 　杨元刚.英汉词语文化语义对比研究 [M].武汉：武汉大学出版社，2008：188-189.

谚语：

有福同享，有难同当。

路遥知马力，日久见人心。

歇后语：

泥菩萨过江——自身难保。

孔夫子搬家——净是书（输）。

这些现成的固定短语或句子，在英语中叫作 idiom，也可称为 set phrase，意思是英语中长期以来被人们使用的、内涵意义完整的、结构固定不变的词组或短句。英语习语没有固定的所指范围，现存的介绍习语的书和词典在编著上采用了不同的处理方法。但从广义上讲，proverbs，sayings 和 siamese twins 都属于习语的范畴。

三、汉英习语的分类对比

在不同的语言文化中，习语的各个组成部分之间以及整体和组成部分之间的词义关系和语法关系既有相同之处，也有不同之处。其中，汉英习语中的词在保持自己词义独立性的程度上存在着较大的差异。在汉语和英语中，按照语义关系的不同，可以将习语分为融合性习语、综合性习语和组合性习语三种类型。

（一）融合性习语

语言大多存在融合性习语。通常情况下，民族的发展历史越悠久、文化越丰富，这类习语就会越多。这类习语在语义上是一个不可分割的整体，组成习语的词的个别意义相加不等于其整体意义。人们有时即使知道整个习语的意义，也不一定清楚为什么它表示这样的含义。究其原因，有些习语年代久远，有些习语丢失了最初使用的上下文关系，或者含有古语的某些成分。因为其结构固定，且整体意义不等于各部分意义相加之和，所以一般不能采用直译法翻译成另外一种语言。例如，英语习语 like mushrooms 不能翻译成"像蘑菇一样"，"三顾茅庐"也不能直接翻译为 have visited the cottage thrice in succession。

（二）综合性习语

根据现代语言学理论分析，综合性习语大多是有理有据的。其整体意义虽然不是由各个组成部分的意义相加得出的，但却是由整个句子的意义引申出来的。形象化是综合性习语的突出特征，因此又可称其为隐喻习语。在英语中，利用约定俗成的明喻手法创造出的习语称为明喻习语，如 as cool as a cucumber（泰然自若）、as pole as a ghost（面无人色）等。汉语中也有类似的明喻习语，如胆小如鼠、多如牛毛、坚若磐石、翩若惊鸿、矫若游龙等。

综合性习语的结构也是固定不变的，这主要体现在两个方面：一是习语的各个组成部分的次序无法调换，二是各组成部分不能用其他意思相近的词组调换。在翻译过程中，综合性习语可以翻译成另一种语言中含义相同或相似的习语。例如：

英译汉：

break the ice——破冰，打破沉闷

tread the boards (stage)——在（舞）台上，当演员

mask one's batteries——掩蔽炮位，隐藏敌意

汉译英：

赴汤蹈火——go through fire and water

晴天霹雳——a bolt from the blue

一箭双雕——kill two birds with one stone

（三）组合性习语

组合性习语的来源一般都是有依据的，整个习语的意义由组成该习语的各个词的意义合成，也就是说，知道了构成习语的各个词的意义就能掌握整个习语的意义。此类习语中通常会有一个受制约的意义，其余组成部分则保持其本来的意义。例如，习语 bear malice（心怀恶意），这一习语中受制约的、不自由的意义就是 bear，因为它不能随意与其他词语搭配，如我们不能说 bear kindness、bear love 等。汉语中的粗心大意、骄傲自满、一贫如洗、家徒四壁等都可以看作组合性习语。

四、汉英习语翻译方法

此处以习语中的成语、俗语和歇后语为代表，介绍汉英习语翻译几种常见的译法。

（一）直译法

采用直译法翻译成语，既能忠实于成语本身阐述的内容，又能保持源语言生动的风格，对于译者来说是一个不错的选择。例如：

原文 1：

在这个时候，如果有人想兴风作浪、再生事端，不仅不得人心，还将遭到整个地区的共同抵制。

译文 1：

At this moment, if someone should try to make waves and stir trouble, then he will have no support but meet the common opposition of the entire region.

原文 1 中的"兴风作浪"原指神话传说中的妖怪施展法力，掀起风浪，后用来比喻煽动情绪，挑起事端，是个贬义词。对于毗邻大海、从事渔牧业的西方国家而言，其应该能引起共鸣，所以译者将其翻译为 make waves。

此外，一些俗语表达的内容在西方文化中也容易被理解，有时目的语读者可以根据上下文语境推断其含义，此时我们可以采用直译法进行翻译。例如：

原文 2：

所谓打断骨头连着筋，同胞之间、手足之情，没有解不开的结。

译文 2：

Bones may be broken but not sinews because we are fellow compatriots. Between us, there is no "knot" that cannot be untied.

"打断骨头还连着筋"比喻亲人之间情意深重，即使有时出现了矛盾，导致双方的关系不如以前亲密，亲情也是难以割断的。虽然这句话的表达独具汉语特色，但结合上下文语境中的"同胞之间、手足之情"，目的语读者不难理解这句话的意义，所以译者可以将其翻译为"Bones may be broken but not sinews"。

（二）意译法

一些汉语成语具有鲜明的民族特色，基本上不可能通过直译法保留原来的风格和喻体，此时译者适合采用意译法简洁有效地传递成语的喻义。例如，如果将成语"初露锋芒"翻译为 show primarily one's blade，只会给读者带来疑问：为什么要露出刀刃？露出刀刃想要做什么？但其实该成语中的"锋芒"喻指一个人的才能或者力量，因此译者翻译该成语时可以采用意译法翻译为 show primarily one's talent。

有一部分俗语直接按照字面意思翻译不容易被理解，这部分俗语往往使用了比喻、夸张等修辞手法，表达生动形象，让人印象深刻。如果译者采用直译法翻译俗语，不仅会使译文失去原文的文化特点，还可能无法表达其基本的含义，这时可以选择意译法进行翻译。例如：

原文 1：

我顿感<u>打入冷宫</u>，十分郁郁不得志起来。

译文 1：

I suddenly <u>found myself in disfavor</u> and became very depressed.

"冷宫"是中国文化中皇帝为失宠或犯错的妃子安排的住所，现在用来比喻存放一些不常用的东西的地方或者不受人关注的地方。结合上下文语境，可以看出此处的"打入冷宫"就是指人不再被重视，如果直译为 cold palace，肯定会让目的语读者感到费解，这时译者可采用意译法翻译为 loss of favor、out of favor、in disfavor、fall into disgrace、be neglected 等。

原文 2：

长期以来，科学同艺术之间的关系一直是<u>剃头担子一头热</u>。

译文 2：

For a long time, the relationship between science and art has been that of <u>one-sided enthusiasm</u>.

"剃头担子一头热"最开始描述的是中国旧时的理发匠所挑的担子。担子一头挑着理发用具，一头挑着洗头发用的热水，两头一冷一热，具有鲜明的文化特色，后用来比喻一厢情愿。此处因目的语读者对"剃头担子一头热"这一中国文化意象并不了解，所以译者可采用意译法翻译为 one-sided enthusiasm。

原文 3：

不要让孩子只知道"<u>头悬梁，锥刺股</u>，死读书，读死书"。

译文 3：

Don't encourage the students <u>grind away at their studies</u> and learn their text book by rote.

"头悬梁，锥刺股"来源于中国古代学子勤奋学习的历史典故，指学生在学习又累又困时为了防止自己睡着，特地用尖锐的锥子扎自己的大腿，以集中精神，继续学习。这虽然是一句赞美学生刻苦学习的俗语，但结合下文的"死读书，读死书"，译者就应该意识到此处这个俗语是具有批评含义的，因此应采用意译法，用通俗易懂的话语解释看似复杂的俗语。

（三）省译法

省译法是指在不改变原文意思的基础上，在译文中省略重复多余的文字。虽然使用省译法会让译文在形式和内容上有所缺失，但足以表达成语的喻义。例如：

原文：

现在美国正在举行大选，很热闹，吸引眼球，但是不管花落谁家，最后谁当总统，我相信中美关系向前发展的大势不会改变。

译文：

As for the ongoing general election in the US, it has been lively and has caught the eyes of many. I believe that no matter, in the end, who gets into the White House, the underlying trend of China-US ties will not change.

在中国的成语文化中，在对一场比赛或某种竞争的结果未知的情况下，问"花落谁家"就是问谁是获胜一方，"花落谁家"常用于体育比赛项目、文艺颁奖晚会等。在翻译时，译者应考虑目的语读者对中国文化认知不足的现实，结合上下文语境"最后谁当总统"（和"花落谁家"表达的意思相同），选择省译的翻译方法，使翻译出来的译文言简意赅，且无意义上的缺失。

采用省译法翻译成语的例子还有：

自吹自擂——blow one's own trumpet

能工巧匠——skilled craftsman

称兄道弟——call each other brothers

赤手空拳——to be bare-handed

心慈手软——soft-hearted

自给自足——self-sufficient

天长地久——eternal like skies

无影无踪——vanish without any trace

安家落户——make one's home

（四）直译法 + 增译法

一些典故类的成语蕴含丰富的文化信息，如东施效颦、班门弄斧等。对于这类成语的翻译，采用直译法容易造成读者理解困难，采用意译法又可能造成汉语独特文化内涵的缺失，这时译者适合选择直译法和增译法相结合的翻译方法。例如：

原文：

班门弄斧

译文：

Show off one's proficiency with the axe before Lu Ban, the master carpenter.

像班门弄斧这类带有人名的成语，如果译者在翻译时不向目的语读者解释鲁班的身份，那么大部分读者就会产生疑问：谁是鲁班？为什么要在鲁班面前耍斧子？这时，译者可以用同位语解释一下鲁班的身份。

（五）借译法

译者在翻译俗语或谚语时，都可以采用借译法，参考目的语中意义相同或相近的表达方式进行翻译，这种方法能迅速使目的语读者理解源语想要传递的信息或表达的内涵。例如：

原文：

中国有句俗话"赶得早不如赶得巧"，赶上地坛庙会那就是巧合。

这里浓缩着浓郁的京味文化，叫北京人与外地人都喜爱。

译文：

A Chinese saying goes, "<u>Timing is everything</u>" and this applies to the Ditan Temple Fair (a temple fair held in the Park of Ditan Temple), at which you will find everything concerned with culture of Beijing. Both insiders and outsiders of Beijing enjoy it.

"赶得早不如赶得巧"来自"来得早不如来得巧"，意思就是再早来都没什么用，不如来得正是时候，形容来的时间刚刚好，正好赶上某个活动。英语文化中正好有类似的表达 timing is everything，意思是时机就是一切，强调做事要抓准时机，见机行事，与"赶得早不如赶得巧"所要表达的含义类似。

第三节　汉英委婉语文化对比与翻译

委婉语是伴随着禁忌文化的发展而产生的，禁忌文化在人类社会中普遍存在，指的是人们对有些事情如生老病死、隐私等不愿过多提及的现象。禁忌文化的存在催生出大量的委婉语。委婉语是人们在日常交流中实现理想交际的表达方式，通常采用使人感到愉快的含糊说法表达可能令人产生不悦或感到不尊重的想法。不同的禁忌文化中有着不同的委婉语，委婉语同样承载着民族文化，并与人类文明的进步、审美的变化息息相关。通过研究发现，东方国家的人们要比西方国家的人们更倾向于使用委婉语，并且委婉语在高素质人群中使用的频率较高。也就是说，汉英委婉语产生的原因和具有的功能相同，但反映的文化不同。

一、汉英委婉语文化对比

（一）关于疾病、排泄、死亡和肥胖的汉英委婉语

汉语和英语文化都对疾病、排泄、死亡和肥胖方面的话题有忌讳，需要用委婉语来表达。在英语中，"残疾人"被称为 handicapped（有生

理缺陷的）、invalid（病弱的）或 inconvenienced（行动不便的）；"失明的"被称为 visually retarded（视力上有障碍的）；"耳聋的"被称为 slow of hearing（听觉迟钝的）；"色盲"被称为 color deficient（色觉有缺陷的）；等等。中国文化中关于身体的残疾和缺陷也有一些委婉的表达，如用"谢顶"代指发量稀少，用"腿脚不方便"代指腿部有残疾，用"失聪"代指听不见，等等。关于去厕所，汉语中也有一些委婉的说法，如净手、解手、如厕、出恭、方便一下等。英语中人们会用一些文雅的词来代指厕所，如 bathroom、restroom、lavatory、comfort station、public convenience 等，"上厕所"的含蓄说法有"Where can I wash my hands?""I'm going to spend a penny""have a BM（bowel movement）"等。①

死亡也是人们不愿提及的沉重话题，亲近之人或者受人尊重、爱戴的人死了，汉语中会称为去世、逝世、与世长辞、故去，对英雄人物的因公去世还会尊称其为"殉职"等。西方文化则会用 be safe in the arms of Jesus、be in Abraham's bosom、be asleep in the valley、return to dust、be taken to paradise、go to meet one's maker、be promoted to glory、go to heaven 等短语表达死亡，"死者"被称为 the departed。

此外，超重和肥胖已成为西方国家较为严重的社会问题，而人们不希望别人用 fat 一词形容自己，如果想形容一个人胖，可以用 plump、buxom、voluptuous、full-figure 等。在中国文化中，人们会用肉嘟嘟、丰满、富态、发福、丰腴、心宽体胖来形容身材丰满。

（二）关于年龄（衰老）的汉英委婉语

年龄在西方国家是一个敏感、隐私的话题，尤其对老年人和妇女而言。在美国，人老了就意味着职业生涯的结束和经济来源的断绝，加之没有儿女赡养，很多老年人生活在孤独和贫困中，因此他们害怕别人说自己老。由此产生的委婉语有 senior citizens（资深公民）、the elderly（年长者）、the mature（成熟的人）、no longer very young（不再很年轻）。

---

① 谭焕新.跨文化交际与英汉翻译策略研究[M].北京：中国商业出版社，2018：190.

对"老"这个词的忌讳也反映出西方文化中崇尚年轻、活力和变化的价值观念。但在中国文化中，人们提倡尊老敬老，汉语中有很多关于"老"的褒义词，如"老当益壮"是对老人的赞美，赞美老人行事经验丰富或者神勇不减当年；汉语称呼语中在姓氏后加一个"老"字，如"张老"，是对有学识且品德高尚的长者的尊称；老人称自己的朋友为"老伙计"，也是对朋友的爱称。

二、汉英委婉语翻译方法

（一）直译法

当汉语委婉语与英语委婉语在内涵和形式上相似时，就可以用委婉语进行翻译，这就是直译法。这种方法不仅能保留源语的形式特点，还能体现源语的文化内涵。例如：

原文 1：

The old man lay taking his rest after a life of bitter hardship.

译文 1：

这位老人含辛茹苦了一辈子，现在安歇了。

原文 2：

He laid down several enemies.

译文 2：

他撂倒了几个敌人。

在第一个例子中，take one's rest 是英文中的一个固定短语，字面意思是休息、安息，也是一种对死亡的委婉表达；这一内涵在汉语文化背景下也能被读者理解，因此译者在此处采用直译法进行翻译比较合适。

在第二个例子中，lay down 的字面意思是"放倒，撂倒"，但在原文语境中的真实含义是"杀死"，这一表达方式与汉语中"杀死"的委婉语类似，因此译者可以采用直译法进行翻译。又如，杨宪益夫妇对《红楼梦》中委婉语的翻译：

原文 3：

贾母说："我这些儿女，所疼者独有你母，今日一旦先舍我而去，连面也不能一见，今见了你，我怎不伤心！"

译文 3：

"Of all my children I loved your mother best," she told Daiyu. "Now she <u>has gone before me</u>, and I didn't even have one last glimpse of her face. The sight of you makes me feel my heart will break!"

原文 4：

赵姨娘道："我不是鸳鸯，她早<u>到仙界去</u>了。"

译文 4：

"I'm not Yuanyang," protested concubine Zhao. "She's long since <u>gone to the immortals' realm</u>."

在原文 3 中，贾母用"舍我而去"暗指女儿的离世，是汉语中比较常见的表示死亡的委婉语说法；在原文 4 中，"到仙界去"这一表达暗含了中国文化中功德圆满之人死后可以去仙界当神仙这一传说，与西方文化中好人死后可以去天堂这一说法类似。在这两个译文中，译者都采用了直译的翻译方法，保留了原文委婉的色彩。

（二）直译法 + 注释法

直译法 + 注释法是指把英语委婉语的字面意思或真实含义翻译成汉语，然后通过注释说明原文修辞效果的方法。这种方法的优势在于能保证译文准确地传达原文的真实含义、形式乃至风格，从而帮助目的语读者更好地理解原文，促进跨文化交际活动的开展。例如：

原文：

The boy's laziness all summer got his father's goat.

译文：

男孩整个夏天都很懒，这使他父亲很生气。

《圣经》中记载，上帝曾命令撒旦去烧雅各（Jacob）的羊群，想以此激怒他，因此英语中的 get one's goat 意为"使某人生气"。

（三）意译法

由于汉语和英语这两种语言文化存在巨大的差异，有时一种语言的委婉表达在另外一种语言中找不到对应的表达，即存在委婉语空缺现象，此时为了保证目的语读者能真正地理解源语文本的文化内涵，译者一般会选择用目的语的表达方式重现源语的内涵和意义。例如：

原文1：

If you allow me, I will <u>call your carriage for you</u>. You have lived so long abroad, Mrs. Cheveley, that you seem to be unable to realize that you are talking to an English gentleman.

译文1：

如果你允许的话我要请你<u>卷铺盖滚蛋</u>了。谢弗利太太，你久居国外，看来已经意识不到你自己是在和一个英国绅士说话。

在这个例子中，call your carriage for you 的字面含义是"帮你叫马车"，真正含义是"请你离开"，因此是一个典型的委婉语。如果译者只翻译出其字面含义，就会脱离上下文语境，并且让目的语读者感到莫名其妙，因此此处适合采用意译法，直接翻译出源语文本的真实含义。

又如，使用意译法将汉语委婉语翻译为英语：

原文2：

贾琏便说："已是三月<u>庚信</u>不行，又常作呕酸，恐是胎气。"

译文2：

Jia Lian said, "she has missed three <u>period</u>s and is often sick, so it looks like a pregnancy."

在原文2中，"庚信"本来是汉语中对女性来例假一事的委婉表达，这种表达是汉语中独有的，译者在翻译时可用 period 来代替，这样目的语读者就能联系上下文明白这句话的真正含义。

（四）迁移翻译法

当汉语和英语中都有与某一特定词语相关的委婉语时，译者就可以采用那个相对应的委婉语翻译源语文本中的委婉语，这种翻译方法叫作迁移翻译法。例如：

原文：

他女儿脑子不大好使。

译文：

His daughter is rather weak in the head.

"脑子不大好使"在汉语中是"大脑发育不全，有智力缺陷"的委婉语，而 weak in the head 在英语中是 stupid 的委婉语，因此可以将源语文本中的"脑子不大好使"翻译为 weak in the head。

（五）综合法

综合法是指在翻译委婉语的过程中根据上下文语境或文章风格的要求选择不同的翻译方法，灵活运用各种翻译技巧进行翻译的方法。在复杂多变的翻译实践活动中，综合法是一个实用性很强的翻译方法。例如：

原文：

from cradle to grave

译文 1：

从出生到死亡

译文 2：

从摇篮到坟墓

在以上示例中，如果源语文本是一般的文学体裁，译者就可以将其翻译为"从出生到死亡"；如果源语文本是一首诗，译者就要考虑其文体风格，将其翻译为"从摇篮到坟墓"。

第五章　汉英物质文化对比与翻译

物质文化是指为满足人类的生存和发展需要所创造的物质产品及其所表现的文化，包括饮食、服饰、建筑、交通、生产工具以及乡村、城市等。汉英民族生存和发展的地域和环境不同，因而所创造出来的物质文化也有很大的差异。本章将从饮食文化、服饰文化和居住文化三个角度出发，对比汉英物质文化并研究其翻译方法。

第一节　汉英饮食文化对比与翻译

在全球文化发展呈现出多元化特点的今天，人们有更多的机会去认识和接触来自不同国家、不同地域的饮食文化。饮食是人类生存的基本保障，对于饮食，中国和西方国家都有其灿烂的文化和显著的特征。

一、汉英饮食文化对比

此处从饮食观念、饮食对象、饮食程序、饮食习惯、饮食环境五个方面来对比汉英饮食文化（图5-1）。

图 5-1　汉英饮食文化对比

（一）饮食观念对比

1. 中国饮食观念

中国有一句古话，叫作"民以食为天"，这句话形象地体现了饮食这件事对中国人民的重要性，无论是在古代还是在现代，人们都很看重吃饭这件事。这体现在人们生活的各个方面。例如，人们如果在就餐时间碰见，就会询问对方"吃了吗？""吃的什么？"等。

中国人不仅注重吃，还很喜欢组织大家一起吃。不但新人结婚时会有婚宴，办葬礼时也会有相应的宴席。除了在比较重大的场合设宴席，遇见其他值得庆祝的事情时也会招呼亲朋好友聚餐，如过生日、婴儿出生、升学、毕业等。一个人要出远门，大家聚在一起为他设宴送行叫饯行，请刚从远道来的人吃饭，叫接风洗尘。

除此之外，中国饮食观念还受儒家道德伦理观念、中医养生说、文化艺术成就等诸多因素的影响，内涵丰富，影响深远。中国饮食不仅烹调技术高超，菜肴的名称也新颖别致，很多菜名具有深厚的文化底蕴。例如，把松仁玉米称为"金玉满堂"，意为祝愿食客财源广进发大财；把姜汁松花蛋称为"花开富贵"体现出人们对美好生活的向往；等等。

2.西方饮食观念

西方国家对饮食是非常重视的，但在饮食上的观念与中国相差甚远。对于西方人来说，饮食是人类生存的必要手段，也是促进人际交往的重要方式。因此，即使食物比较单调，味道不是特别好，为了生存，他们也会吃下去。

与此同时，西方人还认为饮食是保持身体健康的重要手段，所以西方人对食物营养的关心要大于对食物味道的关心。也就是说，西方人更重视食物的营养成分和饮食上的营养搭配，注重食物能否被人体吸收。这体现了西方人的理性饮食观。

（二）饮食对象对比

1.中国人的饮食对象

中国人的饮食对象受中国人的生存环境和生产方式影响，这两者决定了人们获取食物资源的种类。受中国地域环境和气候条件的影响，中国以农业为主、畜牧业为辅，因此在中国人的饮食结构中，素食如米饭、面食、蔬菜等占大部分，肉食如猪肉、鸡肉、鱼肉等占小部分。但伴随着中国经济的发展，中国人的饮食范围逐渐扩大，食物的种类逐渐增多，对肉食、水果的需求也逐步增长。这些都使得中国人的饮食结构越来越均衡。总而言之，中国人的饮食对象是比较广泛的。

2.西方人的饮食对象

因为西方国家大多以畜牧业为主要的生产方式，种植业较少，所以在西方人的饮食结构中，奶制品和肉制品所占的比重较大，谷物类农作物是辅助食物。西方人的食物往往是高热量、高脂肪的，而且人们比较注重食材本来的味道，因此西方人的食材虽然都比较有营养，但他们的制作方式比较单一，调味品比较少。西方人这样吃的目的不在于享受美食，而在于保持身体健康。

（三）饮食程序对比

1. 中国饮食程序

中国人的饮食对象种类繁多，烹饪方式富于变化，再加上不同地方人们的口味不同，因此烹饪的规则、程序也是多种多样的。在烹饪辅料的运用上，中国的厨师往往用适量、一勺、半勺等大概的标准去衡量；在火候的掌控上，还有大火、中火、小火、慢火、文火的区分。这些其实是没有一个严格的标准的，因此不同的厨师做出来的菜肴的味道可能很不一样。在烹饪程序上，很多厨师会按照自己的理解和经验调整烹饪的手段和程序，不会按照严格的标准来烹饪，这就使得中国不同的地区产生了不同的菜系。

2. 西方饮食程序

因为西方人在饮食上追求保持食物原材料的风味和营养，且他们吃饭的目的在于生存和交际，所以他们烹饪时经常按照统一的标准进行。相较于中国饮食的调料和烹饪程序，西方的菜谱整体上更加科学和精确，西方人会精确掌控烹饪的时间和调料的比例，这样做出来的菜肴几乎可以保留食物原来的味道，也正因为如此，不同的厨师可以做出相同味道的菜肴。

（四）饮食习惯对比

1. 中国饮食习惯

不管是温馨随意、规模较小的家宴，还是气氛严肃、规模较大的大型宴会，中国人都习惯围桌而坐，所有的食物，无论是凉菜、热菜还是甜点，都放在桌子中间。与此同时，中国人会根据用餐人的身份、年龄、地位等分配座位，在宴席上人们会互相敬酒、夹菜，给人一种其乐融融、十分热闹的感觉。这一饮食习惯符合中国人追求团团圆圆的心理。

2. 西方饮食习惯

西方人用餐的目的在于生存和交际，因此一般吃饭时都实行分餐制，分餐时用公勺、公筷，每个人根据自己的喜好、需要添加食物。西方人比较喜欢吃自助餐，自助餐的场所一般布置得比较温馨，食物按照种类依次排开，大家吃多少取多少，这方便大家随意走动、互相交流。西方的这种饮食习惯体现了他们尊重个体、注重形式的心理。

（五）饮食环境对比

1. 中国饮食环境

中国人的饮食对象多种多样，一顿饭可能有几道乃至十几道菜肴，因此用餐时适宜围成一桌共食。在吃饭时，筷子是比较好用的餐具，可以夹到绝大多数食物。与此同时，中国人用餐讲究气氛，尤其很多人在一起聚餐、喝酒时喜欢大声说笑，以彰显热闹的氛围，渲染欢乐的情绪。

2. 西方饮食环境

如前文所述，西方人主要的饮食对象是肉类，且实行分餐制，因此刀叉是他们的主要餐具。他们在宴请宾客时，会营造出安静的氛围。在宴会期间，人们注重的用餐礼仪是吃饭时不高声谈笑，切割食物、咀嚼食物不发出声音，这给人一种文雅的感觉。此外，敬酒时多举杯示意，不会碰杯，也不会劝酒。

二、汉英饮食文化翻译

（一）中国饮食文化翻译

1. 直译法

对于中国饮食文化中内容比较简单的食物名称，通过直译的方法就能使读者了解其基本含义。例如：

青稞酒——barley wine

烤乳猪——roast suckling pig

酸汤鱼——fish in sour soup

荞麦饼——buckwheat pancake

吹猪肝——dried preserved liver

烤羊肉串——roasted mutton cubes

竹筒腊肉饭——steamed preserved pork in bamboo tube

2. 音译法

对于中国饮食文化中一些简单的主食，可以采用音译的方法（用汉语拼音的表达方式）体现饮食的特点；对于一些不太常见的主食，可以结合释译法进行具体介绍。这样不仅能充分体现中国饮食的民族特色，还能增添食物的神秘色彩，引发外国读者的好奇心。

（1）完全音译。例如：

馕——nang

泡馍——paomo

（2）音译+直译。例如：

兰州牛肉面——Lanzhou beef noodles

鱼香肉丝——yuxiang shredded pork

（3）音译+增译。例如：

粽子——zongzi (a traditional Chinese food made of glutinous rice with different stuffings)

黄酒——huangjiu（yellow wine brewed from rice）

3. 意译法

有一些中式菜肴的名称是为了表达特有的文化内涵，因此从字面意思很难看出有关菜肴的内容信息。针对这类菜肴名称，译者可以采用意译法，将与菜肴相关的食材、调料、烹饪方法等翻译出来，帮助读者理解菜肴的更多信息。例如：

咖喱鸡——chicken curry

金裹银——rice covered corn pudding

白汁鱼唇——fish lips in white sauce

鱼咬羊——stewed fish stuffed with lamb

菊花鸡丝——shredded chicken with scallion

芙蓉海参——sea cucumbers with egg white

发财好事——black moss cooked with oysters

八宝酿鸭——duck stuffed with eight delicacies

金华玉树鸡——sliced chicken and ham with greens

新疆大盘鸡——large-plate fried chicken and potato

其中，"发财好事"这道菜本身是由发菜和蚝豉两种食材做成的，发菜谐音"发财"，蚝豉谐音"好事"，这两种食材的谐音连起来念有发财、生意兴隆的美好寓意。但英文中没有这种表达，所以译者在翻译时可把菜肴的原料翻译出来。

（二）西方饮食文化翻译

西方人在烹饪菜肴时注重保持食材的营养和原汁原味，因此与中式菜肴相比，西式菜肴不仅种类较少，其名称还比较直白、简单，人们在看到菜名的时候就能知道这道菜的主要食材。西式菜肴通常以国名、地名、原料名等来命名，如丹麦小花卷、法式鹅肝、意大利面、鸡腿汉堡等。对于西式菜肴的翻译，人们曾提出过不同的翻译方法。有的人认为可以用中国类似菜肴的名称来代替，即采用意译法翻译，如将 sandwich 翻译为"肉夹馍"，将 spaghetti 翻译为"盖浇面"，因为这两者与中国食物在种类或外形上有类似之处。

但也有一些人提出了反对意见，认为虽然有些食物在种类和外形上类似，但在味道、用料、烹饪方式等方面具有明显的差异，这样翻译很容易丢失源语文本的文化内涵。本书认为，为了反映西式菜肴的特点和独特韵味，促进文化之间的交流与传播，应使用直译与意译相结合的方式来翻译。例如：

fruit salad——水果沙拉

grilled beef——香煎牛排

corn soup——玉米浓汤

pumpkin toast——南瓜吐司

French fries——炸薯条

第二节　汉英服饰文化对比与翻译

一、汉英服饰文化对比

此处将从服饰颜色、着装观念、审美基调以及重要服饰四个方面对比汉英服饰文化。

（一）服饰颜色对比

1. 中国崇尚的颜色

在几千年前，中国先人曾崇尚黑色，认为黑色是神秘的、具有统治力量的天帝色彩，因此在夏朝、商朝和周朝天子加冕时都会穿黑色的礼服。

之后，随着中央集权制度的确立，人们开始认为黄色是最尊贵的颜色，因为传说中的神龙就是黄色，而皇帝作为龙的传人，自然也要穿黄色的礼服。汉代的汉文帝最先穿黄色的右袍，之后各个朝代的皇帝纷纷沿袭了这一传统。在古代中国人看来，黄色代表着权威、高贵与庄严。

除了黑色和黄色，中国人对红色也比较喜爱，认为红色象征着热情、喜庆。例如，当中国士兵立了战功，一般会身戴大红花接受表彰；新人结婚时也会身穿红色的婚服，婚房内会贴上红色的对联、喜字和窗花，挂满颜色鲜艳的红色装饰品，人们会祝福他们婚后的生活红红火火。

2. 西方崇尚的颜色

自古罗马时期，西方人就开始崇尚白色和紫色。在西方人的观念里，白色是纯洁、高雅、正直的象征。西方神话中的天使就穿着白色的服饰，长着洁白的翅膀；西方人结婚时，新娘也会穿上白色的婚纱，手捧白色的鲜花，这些都象征着婚姻的圣洁。除了白色之外，紫色也是西方人崇尚的颜色，尤其被西方贵族所喜爱。在基督教中，紫色代表着至高无上的、来自圣灵的力量；在天主教、犹太教中，紫色也是神圣、尊贵的颜色。

（二）着装观念对比

1. 中国的保守观念

中国是一个有着几千年文明历史的大国，在漫长的历史发展过程中，中国的儒家思想和道家理念逐渐成为人们信奉和崇尚的主流文化思想。其中，儒家提出用礼仪和道德对服饰加以规范；道家则认为人与自然的和谐相处是世间万物发展最理想的状态，因此人的服饰也应顺应人体的需求和自然的要求。在服装设计上，儒家和道家都主张对人体加以遮盖，因为人受道德礼仪的约束，不能过度地展现自我；同时受自然观的影响，提倡追求与自然的和谐统一，不能过于彰显个性。与此同时，服装的设计应比较宽松，给人以无拘无束之感。

在中国传统的教育理念中，着装规范被认为是修身的一项内容，这一理念对人们的学习和生活产生了很大的影响。中国人对着装非常注重，着装目的不在于彰显人体的个性美，而在于遵守礼仪，着装不仅要适合个人的身份，还要根据不同的场合进行更换。例如，在中国的小学、初中、高中，学生大部分在校时间都穿着学校统一发放的校服，这些校服具有穿着舒适、服装统一的特点，学校规定学生穿校服的主要原因在于维持教学秩序，避免学生之间产生攀比心理。

到了近现代，中国引进了来自西方的着装思想和穿衣理念，人们的着装逐渐向多样化、开放化方向发展，但与西方人着装相比，中国人整体的着装特点还是偏向于端庄、保守和含蓄。

2. 西方的开放观念

由于西方人重视展现自我，强调人的个性发展，因此在服饰上讲究追求自我，体现自我的态度和喜好。即使是传统的西方服饰，也彰显出人的身材特征。例如，男士的服装既要凸显肩部的宽厚，也要凸显腿部的修长，因为这是男性风范的体现。女士的服装要凸显女性特有的身材曲线，要求突出胸部，束紧腰身，这些都是为了体现女性的魅力。发展到现代，西方人更重视彰显自我、凸显个性，因此我们可以清楚地从一个人的服装、配饰方面了解一个人的个性特征和喜好。

（三）审美基调对比

此处的审美基调是指服饰设计的审美观，中国和西方国家在这方面也会存在明显的差异。中国崇尚逍遥审美观，其中蕴含着"气"的概念；西方国家则崇尚荒诞的审美观，其中体现了西方人创新的审美标准。

1. 中式逍遥审美观

中国人认为逍遥是一种自由、随性和洒脱的感觉。逍遥的概念最早由中国古代哲学家庄子提出，这一概念深刻地影响了中国的审美观。在中国古代服饰的设计理念中，逍遥是"气"的自由表达与精神传达，服饰的逍遥美与"气"是紧密相连的。按照儒家思想，仁、义、礼、智是人的本性，当人自身与外在的制度完全适应时，就会产生一种随心所欲的感觉，这就是所谓的自由。

儒家思想还提倡克己复礼，认为展现个性、处处争先是违背礼法的。道家也认为，人只要保持内心气、意、神的结合，就能实现人与自然的和谐统一，就能展现人本身的美好，因此不需要太多外在的装饰。也正是因为这样的融合，人才能保持一种超出自然的逍遥姿态。因此，这种逍遥之美就成为中国服饰的审美基调，也是长期以来中国服饰的审美走向。到了当代，人们的日常穿着和审美仍然受逍遥之风、舒适之风的影响。

2. 西式荒诞审美观

在人们看来，荒诞是一种与传统审美标准大相径庭的形式表现，是不符合常规的一种行为观念。西式的荒诞与中国的和谐是正好相反的，和谐带给人一种舒适、享受的感觉，和谐之美是人们对服饰之美的最高标准和永恒追求。那么，西方对服饰的荒诞审美观念是如何产生的呢？这主要有两方面的原因：一是伴随着历史的进程，和谐发展到一定程度就过渡到了荒诞；二是荒诞的出现满足了西方审美追求向前发展的需要。具体分析，西方国家在追求和谐美的过程中进入了不断重复的境地，这时就急需一种新的表现形式来改变这种状态，而荒诞恰好就是这样一种表现形式。

西方服饰的荒诞风格最早出现于哥特时期，之后出现的文艺复兴风格、洛可可风格也是对荒诞审美的延续。自从美学上的存在主义出现之后，人们才真正将荒诞风格作为一种美来呈现。荒诞是一种为了表现而表现的意识，荒诞风格中添加了很多形式感的要素，通过这些要素营造出荒诞美的氛围。

从 20 世纪 60 年代开始，西方男士受荒诞审美观的影响，对服饰风格的追求不再是具有阳刚之气与挺拔精神，而是充满柔性与颓废的因素；发展到 20 世纪 70 年代，一种具有叛逆风格的朋克风、海盗风出现，再次冲击了传统的服饰风格。这些独特的服装造型和款式充分体现出人们的荒诞审美意识，同时充分发挥了人们的想象力与创造力，在不经意间体现出一丝可爱的味道。

到了 20 世纪 80 年代，后现代主义风格宣扬的冲突、凌乱等主题在年轻人之间掀起了一阵文身和颓废造型的风潮；服饰的荒诞审美风格发展到 20 世纪 90 年代，受全球一体化和文化多元化的影响，呈现出多元化的特征，荒诞风格越来越成熟，越来越会利用和融合不同形式的美。

（四）重要服饰对比

说到能代表中西方特色文化的服饰，中国非唐装与旗袍莫属，西方则以西装和中世纪欧洲贵族服饰为代表。无论哪种服饰，都蕴含着丰富的民族文化底蕴，体现着不同民族的审美和个性。

1. 唐装与西装

（1）唐装。唐装并不仅仅是指中国唐朝的服装，而是中国所有传统服装的统称。因为唐朝是中国历史上最为辉煌的朝代，在世界上具有巨大的影响力，所以外国人习惯称呼中国人为"唐人"，并且将中国传统服装称为"唐装"。

潮人一般将唐装称为"本地衫裤"，上装为衫，下装为裤。衫有两类，即开胸衫和大衫，其中开胸衫为平裾，衣服上有七个纽扣，一般是男士穿的；大衫则是在领子下斜襟到右边的腋下部分为开口处，然后一直垂直到腰部，衣服上有七个纽扣，一般是女士穿的。但是，一些家境富裕的男士或者教书的先生也会穿大衫。

（2）西装。西装诞生于 17 世纪的欧洲，发展到现在，已经在全世界范围内推广开来，一般男士出席正式的场合都会穿西装。西装备受人们的喜爱，主要是因为其具有线条流畅、穿着舒服的特征，而且不挑年龄。在面料上，古代欧洲人会选择亚麻布或者半毛织物；在颜色上，他们会选择白色与紫色，但自欧洲文艺复兴运动以来，人们开始选择更明亮、奢华的颜色，如丁香色、天蓝色。

2. 旗袍与西式长裙

（1）旗袍。旗袍起源于清代旗人的传统装扮，那时的旗袍腰身平直且宽松，袖口宽大，长度延伸至脚踝。到了 20 世纪 30 年代，受西方文化的影响，人们开始对旗袍进行改良，从掩盖身体的曲线到彰显身体的曲线，使旗袍的样式发生了巨大改变。具体而言，旗袍的袖口缩小，两侧开叉，且紧贴腰身，很好地展现了中国女性的知性美与曲线美。发展到现代，中国的旗袍仍然很受现代女性的喜爱，旗袍设计中增加了许多新的元素，如背部拉链开口、镶有蕾丝花边等，其选用的面料种类也更加丰富、现代化。

（2）西式长裙。西式长裙的主要特点就是能够彰显女性的身材美。长裙通过凸显女性身体各部位的反差使女性身体凹凸有致，体现了西方人的浪漫主义情怀。西式长裙的结构比较复杂，能够改变身材比例，如西式晚礼服、婚纱等。发展到新古典主义时期，西式长裙变得更加轻薄，领口宽且低，腰线也改到胸部以下，这样不仅可以凸显丰满的上围，还能调整身材比例，具有拉长腿部的功效。

二、汉英服饰文化翻译

（一）中国服饰文化翻译

1. 直译法

当有关中国服饰特征的语言表达与英文表达在意义和结构方面都相

同或类似的时候，译者可以采取直译法进行翻译。例如：

原文 1：

她穿着件粉红的卫生衣，下面衬着条青裤子，脚上趿拉着双白缎子绣花的拖鞋。

译文 1：

She was wearing a pink bodice, black trousers and white satin embroidered slippers.

在上述例子中，"粉红的卫生衣""青裤子""白缎子绣花的拖鞋"都是采用直译法翻译出来的，因为这几个服饰文化词的结构和意义比较普遍，直译为英文也比较好理解。

2. 意译法

由于汉语和英语在语言结构上的差异，在翻译过程中有时难以保证意义和结构的统一，此时译者就要舍弃一部分内容，将原文的真实含义翻译出来。例如：

原文 2：

刘姥姥见平儿遍身绫罗，插金戴银，花容月貌，便当是凤姐儿了。

（曹雪芹《红楼梦》第六回）

译文 2：

Pinger's silk dress, her gold and silver trinkets, and her face which was pretty as a flower made Granny Liu mistake her for her mistress.

（杨宪益夫妇译）

在这个例子中，译者将"遍身绫罗"中的"绫罗"这一富有中国服饰文化特色的表达意译为 silk dress，是符合原文表达含义和目的语表达习惯的。

3. 音译法

在翻译中国服饰文化的过程中，采用音译法能最大程度地保留服饰文化的内涵，但有时只采用音译法是不够的，因为在中国传统服饰文化中，有很多服饰种类或者元素是中华民族特有的，这些对于目的语读者来说是比较陌生的。对于这类文化词的翻译，最好是在音译的基础上再进行解释性的翻译，以便于读者理解和把握。例如：

（1）完全音译法。例如：

旗袍——qipao

深衣——shenyi

（2）音译法＋直译法。例如：

包头巾——baotou head towels

中山服——Sun Yat-sen suit

（3）音译法＋增译法。例如：

马面裙

Mamian skirt: a long skirt pieced together by whole widths of satin, with a back and front embroiderd on the flap and the skirt hem.

云肩

Yun jian: a kind of shawl, a women's distinctive and decorative accessory wrapped around the shoulders, which is made of colored silk brocade and embroidered with four symmetrical and connected moire pattern.

（二）西方服饰文化翻译

在翻译西方服饰文化的过程中，由于中西方服饰文化在词汇表达和文化内涵方面存在差异，译者要重视对其文化内涵的把握和传递。具体分析，译者需注意以下两个方面的内容。

1. 把握文化空缺词

所谓文化空缺词，是指某一民族文化特有的、体现本民族文化内涵的词汇。对于这类词的翻译，译者不能采用直译法只翻译字面的意思，而是要尽量在理解服饰文化内涵的基础上翻译出原文的特点。例如，西方人喜欢戴帽子，因此西方人对于帽子的表达有很多种。例如：

fez——红毡帽

bowler——常礼帽

stetson——牛仔帽

又如，有关帽子的短语：wear/have a green bonnet。

对于这个短语，如果使用直译法进行翻译，就会翻译为"戴绿帽子"，这明显是不符合西方的服饰文化背景的，其真实含义其实是"破产"。

2.明确服饰的特殊指向

在日常生活中，一些与普通人着装不同的人通常情况下都会引起人们的特别关注，也就是说，人们会把注意力集中在一些颜色或特色鲜明的服饰种类上。一段时间之后，人们就会用这些有代表性的服饰来形容穿这类衣服的人。例如：

a bass hat——位高权重的人

boiled shirt——拘泥刻板的人

silk gown——具有英国皇家律师身份的人

stuffed shirt——爱摆架子的人

white collar——白领阶层

blue collar——蓝领阶层

gray collar——灰领阶层

gold collar——金领阶层

第三节　汉英居住文化对比与翻译

一、汉英居住文化对比

此处将从以下八个方面对比中国与西方国家的居住文化，它们分别是建筑材料、建筑本位、建筑形态、建筑空间、建筑形制、审美观念、布局理念和革新态度，如图5-2所示。

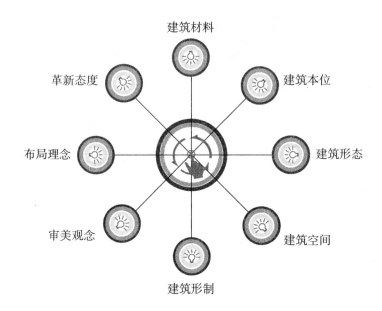

图 5-2　汉英居住文化对比

（一）建筑材料对比

在中国传统建筑中，木质材料是主要的建筑材料，这主要是受儒家思想的影响，因为木材本身具有深邃、坚韧的特点，这些特点特别符合儒家所倡导的"仁"这一精神。在实际应用上，木料结构的搭配适合中国高大、平整的建筑风格，且木料的取材比石料的取材方便很多，在修建过程中也更加容易，房屋建好之后还有很强的防震能力。

相比之下，西方传统建筑多以石料堆砌而成。这主要是因为原始的西方人曾居住在山洞中，他们对石头有较强的依赖感。英国的哥特式建筑就是典型的砖石类建筑，观察这类建筑可以发现，西方人在运用石头建造房屋方面已经达到了很高的水平。这些精美的建筑不仅展现了设计师和建筑师高超的技艺，还呈现出西方人独特的意志和情绪。

（二）建筑本位对比

受不同民族思想的影响，中国的建筑以宫室为本，西方的建筑以宗室为本。宫室本位的建筑是中国传统建筑的主流，中国古代的君王声称自己的统治是奉上天的旨意，是历史发展的必然，因此享有至高的地位。西方建筑则追求宗室本位。其典型代表是英国的圣保罗大教堂。这种哥特式的教堂往往展现出一种灵动而又奔放的力量，给参观者带来神秘的感觉。

（三）建筑形态对比

由于中西方建筑在建筑材料和建筑本位上存在差异，中西方建筑的形态也体现出不同的特点。受天人合一思想的影响，中国传统建筑讲究中轴对称、外合内开；在具体的布局上，也是院子与院子相连接，以实现意境与内敛相融合的效果，中国古代的宫廷建筑群就很好地体现了这一特点。而西方建筑首先考虑的是建筑的功能，在功能达到要求之后，才会设计建筑形态，西方传统的建筑形态多为单体形态。与此同时，西方国家的建筑更加凸显个体的风格，重视展现人与自然之间的关系。

（四）建筑空间对比

从建筑的形态上可以看出，中国的建筑风格比较内敛，而西方的建筑风格更加开放，这一文化特征表现在建筑的空间层次上，就是中国的建筑给人一种轻灵感和娟秀感，而西方的建筑更有秩序性和几何感。在中国建筑文化中，院落是建筑的主体，周围以院落为中心进行布置，体现的是一种表意手法。而在西方建筑文化中，广场居于空间的中心位置，且与其他形式的建筑紧密结合，这是西方开放型文化的体现。

（五）建筑形制对比

建筑是历史的见证者，也体现了不同的文化。建筑形制尤其能体现不同民族的文化特点和文化变迁。拿中国基本的建筑形制来说，受两千多年封建制度和农业文明的影响，整个社会的发展格局变化不大，这就使得中国的建筑形制比较稳定。形式多样的民居建筑、繁华的朝代都城以及典雅秀美的园林艺术是中国建筑形制的代表。例如，北京的四合院体现出丰富的层次空间和庭院功能；明清时期的北京皇城雄伟广阔，展现出中国古代城市的繁荣有序；典雅的园林艺术给人一种人与自然和谐共处的体验。而西方古典建筑的基本建筑形制则体现出不同的风格、特点。例如，古希腊时期人们为了与神明交流，建造了很多气势恢宏的长方形神殿；古罗马时期的建筑体现了当时人们崇尚暴力的文化，如古罗马时期的竞技场和斗兽场。

（六）审美观念对比

中国的建筑讲究对称之美，尤其以中轴线的设计最受欢迎，这样设计出来的建筑具有层层相扣的特点，这种审美风格体现了中国传统儒家思想提倡的和谐、中庸理念。而具有中国特色的园林建筑也彰显了人们对意境美、自然美的追求。例如，苏州园林中的景观富于变化，且设计精巧，令人流连忘返。而西式建筑更注重形式之美和建筑的外观镜像，西方古典建筑以壮观和大气闻名于世，多呈现几何图形，这体现了西方建筑文化的明确合理性。

（七）布局理念对比

中国的建筑布局体现出一种围墙文化，这是中国文化内敛、含蓄的体现。很多庭院和殿堂类型的建筑也有围墙，其宫殿和大堂是整个建筑的核心区域，其他建筑都是辅助、围绕宫殿和大堂展开建造的。西方建筑呈现出明显的几何线条，是开放的、有序的，如广场的设计不仅注重与其他周边建筑构成一个图形，还特别注重与城市环境相融合。此外，西方建筑还有其他个性特点，如哥特式建筑的垂直线条的尖尖的屋顶。

（八）革新态度对比

建筑文化作为一种与人们的生产生活息息相关的文化类型，不仅有对历史的继承，还有在继承基础上的改变和创新。通过对中国建筑发展历史的研究，我们可以发现，中国的建筑文化整体上呈现出相对保守的特点，据相关文献记载，中国的建筑形式和建筑材料在三千年间基本没有发生太大的改变。而西方建筑文化在这一方面与中国建筑文化呈现出截然相反的特点，纵观西方建筑发展历史，西方建筑呈现出不断演进和跃变的发展态势。无论是形象、比例、装饰还是空间布局，西方的建筑都发生了很大的变化。

二、汉英居住文化翻译

（一）中国居住文化翻译

1. 直译法

对于描述类的翻译内容，译者在翻译时可以采用直译法，这样有助于目的语读者更直观地了解中国传统的居住文化，感受中国人民的智慧和中国文化的魅力。例如：

原文 1：

北京宫殿又称"紫禁城"，呈南北纵长的矩形，城墙内外包砖，四面各开一门，四角各有一曲尺平面的角楼，外绕被称为"筒子河"的护城河。

译文 1：

Beijing Palace, also known as "the Forbidden City", showed a rectangle with a north-south longitudinal length. City walls covered by bricks, pierced by a gate on the four sides and decorated by a flat turret in the four comers are surrounded by a moat called "Tongzi River".

在这个例子中，译者采用直译法对紫禁城进行了描述和介绍，这样翻译不仅保留了中国居住文化的文化要素，还有助于目的语读者通过形象的描绘了解中国传统建筑与西方建筑的差异。

2. 音译法 + 增译法

由于中国传统建筑历史悠久且极具特色，很多建筑术语如果不作更多解释，会让目的语读者难以理解，因此对于一些建筑类文化特色词，译者应该从源语文本出发，选择音译 + 增译的翻译方法进行翻译，这样才能更好地被目的语读者理解和接受，才能更好地传播中国的居住文化和建筑理念。例如：

原文 2：

在胡同中我们只能看见四合院的大门。古时候的中国人不希望有陌生人来打扰，因此从大门的样子就可以看出主人的身份和地位。

译文 2：

The gate building of each <u>Siheyuan</u> is the only thing that we can see along the Hutongs. Chinese people used to try to protect their privacy from being intruded by strangers. So the gate building, in old times, was a symbol to show the identity and position of each house owner. You don't have to go inside the courtyard. Just look at the gate building, you can already tell whether it's an influential family or not.

在第二个例子中，译者翻译四合院时采用的翻译方法就是音译法，能较好地体现中国建筑文化特色。protect their privacy 则属于译者的解释性翻译，主要是为了帮助读者理解交际意义，实现译者与读者的交际目的。此处的交际目的是传播中国居住文化。因此，译者对中国人不希望被陌生人打扰的根本原因进行了解释。因为中国文化讲究内敛、含蓄，这种文化内涵在建筑上的体现就是高门大院，阻隔外界视线。而保护隐私的观念符合目的语读者的价值观念，能引起他们的文化共鸣，从而加深其对四合院建筑的印象。

3. 借译中的类比法

借译法是指选取目的语中和源语表达的字面意义不同、语用意义相同的说法替换源语中的文化特色词。此定义可以衍生出翻译中的类比法。类比法通常是用两种语言文化中概念相同或相近的两种表达方式进行对比，以帮助读者理解源语中蕴含的意义或情感。例如：

原文 3：

今天我们看到的大多数胡同是明清两代的产物，没有人能够确切地说出北京有多少胡同。但有一点很清楚，如果将各个胡同连接起来，总长度超过著名的万里长城。

译文 3：

Most of today's Hutongs were formed during the Ming and Qing Dynasties that followed. Nobody knows exactly how many Hutongs there are in nowadays Beijing. But one thing is for sure, if we connect all the Hutongs together, their total length would even be longer than the famous Great Wall. Or to make it clear, it could build a highway from Seattle to

Boston, all across America.

这段话的重点在于描述北京的胡同之多，假设读者来自美国，以万里长城的总长度来描述胡同的总长度，大部分读者可能因不太了解长城的具体长度而无法获得直观的感受。为了使读者对胡同的总长度有一个更直观的概念，译者将西雅图到波士顿的距离作为比较对象，形象地描述了北京的胡同之多，也提高了读者的阅读兴趣。而使用这个方法的前提是译者掌握了一些中西方文化知识，这样才能在翻译中对语言文化的转换信手拈来，表述准确又生动。

4. 省译法

在对中国居住文化进行翻译和介绍的过程中，译者要根据实际情况对源语言进行删减，实现有效信息和意义的提取与传递。例如：

原文4：

例如这个门，又高又大，门檐有砖雕装饰。仔细看它的图案，李子花和竹子，这意味着这里的主人曾是侍奉皇帝左右的王公大臣。看旁边的门，有狮子的图案，这说明这里曾住着武官。

译文4：

Look at this one, the gate building is big and tall. The head and eave of the gate are well decorated with brick carvings. See the design? Plum blossoms and bamboos. It indicates that the original owner of this courtyard must has been an official serving in the emperor's court. But look at that one next door, it has the lion design, because that owner used to be a military officer.

在对这段文字进行翻译时，译者将"王公大臣"翻译为 official 是采用了省译的翻译方法。王公大臣单独使用可翻译为 the princes, dukes and ministers，但大部分读者对中国官职文化中的"王公大臣"概念并不了解，而统称为 official 能直观地表现词语的主要文化含义，也能帮助读者快速了解这一建筑居住者的一些情况。

（二）西方居住文化翻译

在对西方的居住文化进行翻译时，译者需要注意以下两点内容。

1. 把握专业词汇

在翻译西方居住文化的过程中，译者可能会遇到很多建筑领域的专业术语，这些专业术语往往有特定的表达与含义，译者在翻译时要注意用词，这样才能翻译准确。例如：

welding——焊接

steel bar——钢筋

bar arrangement——配筋

与此同时，由于一些西方建筑风格独特，有浓厚的艺术气息，译者在翻译介绍这类建筑时要注意体现其建筑风格的艺术性。例如：

原文 1：

The study had a Spartan look.

译文 1：

这间书房有一种斯巴达式的简朴景象。

在这个示例中，译者采用了直译和意译相结合的翻译方法，避免了只翻译建筑风格的名称可能会导致一部分目的语读者不理解建筑特点的问题，并成功地展现了西方建筑文化的美感。

2. 使用被动句式

在英语中，人们通常习惯使用被动句式，而在汉语中，人们喜欢用主动句式，因此译者在翻译西方居住文化的过程中要注意正确处理这一问题。例如：

原文 2：

The old civil engineer is respected by everybody.

译文 2：

这位老土木工程师受大家尊敬。

原文 3：

Theodolite is widely used in the construction survey.

译文 3：

经纬仪在建筑测量中广泛应用。

在原文 2 中，源语文本是被动语态，为了体现源语文本的表达方式，译者在翻译时也采用了被动语态，突出和强调了句子主语。译文 3 其实也采用了被动语态，只是省略了"被"字，因为经纬仪无法自己应用，人才是应用这一仪器的主语。

第六章　汉英民俗文化对比与翻译

随着中国改革开放的进一步深入，中国更加频繁地与西方国家进行政治、经济、文化等领域的交往。在新世纪的今天，作为世界文化两大支柱的中西方文化面临着不同的考验。文化背景不同，人们对现实生活中事物赋予的文化内涵便不同。为此，人们在交际过程中就需要对其他文化进行一定程度的认知与了解，从而帮助交际的有效展开。英汉两个民族在地理环境、历史进程等方面的差异导致二者形成了不同的民俗文化，民俗文化所体现出来的差异为翻译的顺利进行带来了一定的障碍。因此，本章就从节日文化、典故文化、称谓文化三个层面来研究汉英民俗文化的对比与翻译。

第一节　汉英节日文化对比与翻译

节日是指一年之中具有特殊民族文化意义或社会文化意义并穿插于日常生活中的日子，是人们丰富多彩的业余生活的主要体现。每个国家、民族都有自己的节日，这些节日往往承载着这个国家或民族独特的政治、经济或其他方面的文化。由于中国和西方国家的民族信仰和发展历史有很大的差异，中西方的节日文化也体现出不同的历史传统与价值取向。本节将对中西方传统节日文化进行对比研究。

一、汉英节日文化对比

（一）价值取向对比

一个民族的价值取向通常是这个民族历经长时间的实践与验证总结和归纳出来的，是推动这个民族不断前进与发展的动力，并且不会轻易发生改变。传统节日则是一个民族价值取向与思维观念等精神文化的重要反映。对比中西方传统节日文化，中国传统节日文化具有明显的集体主义倾向，西方传统节日文化则呈现出个人主义的价值取向。

中国传统节日文化的集体主义价值取向是在儒家思想的影响下产生的，因为儒家思想特别重视社会群体之间的血缘关系和地缘关系，认为血浓于水，人与人之间的亲情关系不能磨灭，同时提倡互帮互助的同乡情谊，所以有"老乡见老乡，两眼泪汪汪"的说法。其体现在节日的设定上，就是中国传统节日呈现出较强的家庭宗族观念和社会群体观念，一般过节都会举行以家族或家庭为核心的集体活动。在中国，每逢春节、元宵节、中秋节这种大型的传统节日，人们总盼望着一家团聚，因此家中父母都会期盼孩子们能回家过节，在外打拼的年轻人也会不辞辛苦，尽量在节日期间赶回家与父母团聚。

家中父母通常会准备丰盛的食物欢迎孩子们的归来，一家人欢聚一堂，一起吃团圆饭。聚餐期间，人们闲话家常，互相关心，分享生活中的酸甜苦辣。此时，晚辈会借此机会向长辈敬酒祝寿，长辈也会祝福和教导晚辈，告诉他们一些为人处世的经验，希望他们的生活越来越好。总而言之，节日期间人们会暂时放下手头的工作，与亲朋好友共聚一堂，每一场聚会都洋溢着欢快、轻松的节日氛围。

此外，中国人会在清明节进行扫墓祭祖、踏青郊游的活动，会在端午节举行赛龙舟等集体活动。这些都体现出中国传统节日追求家人团圆、社会和谐、尊重长辈、爱护晚辈的价值取向，也体现出浓浓的中国文化韵味。

与中国传统文化的价值取向不同，西方传统文化认为人是世间万物的主宰，是一切活动的核心，每个人都是独立的个体，是独一无二的，因此个人的感受和体验才是最重要的。这也是西方人对个性和自由比较推崇的原因。与中国人重视集体主义观念不同，西方人强调个人的意志，追求个人的解放与自由。当然，这并不是说西方人一点也不在乎血缘关系和家人朋友，西方国家也有类似中国春节的象征全家团聚的传统节日，如圣诞节、感恩节等。其中，圣诞节是很多西方国家最大、最热闹的节日，圣诞节的庆祝活动一般从12月24日夜间就已经开始，半夜时分达到高潮，这一夜就是平安夜。这天晚上，西方人也会全家人聚在一起共同享受丰盛的晚餐，然后围坐在火炉旁尽情说笑，家人间会交换祝福的卡片，互送圣诞礼物，孩子们还会在床头挂上一只空袜子，期待圣诞老人送的礼物。

感恩节也是西方国家一个比较重要的节日，在美国是仅次于圣诞节的第二大节日。感恩节是具有美国历史特色的节日，传说是为了感谢上帝的恩赐和印第安人对清教徒的帮助，促进人们之间关系的和谐，后来逐渐发展为国家级的重要节日。在感恩节这一天，美国人不仅会全家人聚在一起吃美味的火鸡、南瓜饼、玉蜀黍等食物，还会按照习俗一起去教堂做感恩祈祷。

虽然西方人也重视家人团聚和亲情关系，但从整体上分析，西方节日更侧重个人价值的挖掘和个人情感的释放。西方节日大部分以欢快和娱乐为主要基调，人们常常借节日之名，尽情展现自我，享受个人的欢乐。例如，西方的万圣节虽然是祭奠亡魂、祈福平安的节日，但西方人还会在这一天将自己装扮成各式各样的妖魔鬼怪，举办化装舞会，看谁的扮相最吓人、最逼真，这一习俗充分体现了西方人勇于展现自我、张扬个性的性格特征。

（二）表现形式对比

在表现形式上，中西方节日的主要区别在于节日性质的差异。此处的节日性质主要是指节日体现的功能和文化是单方面的还是多方面的。对比中西方的节日特征，我们可以发现，中国的传统节日大多是综合性的，而西方国家的传统节日大多是单一性的，如表6-1所示。

表 6-1　中西方节日性质对比

中国节日	性　质	西方节日	性　质
春节	综合	圣诞节	综合
元宵节	单项	狂欢节	单项
人日节	单项	复活节	综合
春龙节	综合	母亲节	单项
清明节	综合	愚人节	单项
端午节	综合	划船节	单项
七夕节	综合	情人节	单项
中元节	单项	万圣节	单项
中秋节	综合	父亲节	单项
冬至节	单项	仲夏节	单项
腊八节	综合	啤酒节	单项
小年	综合	婴儿节	单项
除夕	综合	葱头节	单项

具体分析，中国传统节日是一种集多种文化因素于一体的文化现象，因此其功能也是多样化的。以清明节为例，清明节最初起源于上古时期的春祭习俗，因为在这一时节，早春的寒冷逐渐退却，世间万物呈现出吐故纳新、春和景明之象，人们为了庆祝这万象更新的景象，设置了这一节日；后来人们又将扫墓祭祀、缅怀先人与踏青春游、亲近自然的活动融入其中，使清明节成为一个多种活动相汇合的综合性节日。又如，春节是中国最大的综合性节日，人们会在节日期间举行各种有意义的活动，如逛庙会、购置年货、走亲访友等。因为西方盛行维护人权、个性展现等思想观念，追求个人主义，突出个人的价值，所以西方的节日常常体现出单一的娱乐精神，如母亲节、愚人节等都体现出对个体或某一特定群体的关注。

二、汉英节日文化翻译

（一）直译法

为了更好地促进文化之间的沟通与交流，让目的语读者感受不同民族之间的节日特点和习俗差异，译者在翻译时可以采用直译法。例如，以下西方节日名称的翻译：

Boxing Day——节礼日

April Fools'Day——愚人节

Mother's Day——母亲节

Father's Day——父亲节

Thanksgiving Day——感恩节

International Labor Day——国际劳动节

International Children's Day ——国际儿童节

International Working Women's Day——国际劳动妇女节

又如，中国特色节日名称及习俗文化的翻译：

中秋节——the Mid Autumn Festival

元宵节——the Lantern Festival

端午节——the Dragon Boat Festival

重阳节——the Double Ninth Day

元旦——New Year's Day

教师节——Teachers' Day

国庆节——National Day

春联——Spring Festival couplets

庙会——temple fairs

舞狮——lion dancing

耍龙灯——dragon lantern dancing

除了以上节日文化特色词语的翻译，一些与节日文化、传统习俗相关的句子也可以采用直译法进行翻译，如由珍妮·凯利和茅国权翻译的《围城》选段：

原文：

旧历冬至那天早晨，柔嘉刚要出门。鸿渐道："别忘了，今天咱们要到老家里吃冬至晚饭。"

译文：

On the morning of the day of winter solstice by the lunar calendar, just as Jou-chia was about to leave the apartment, Hung-chien said, "Don't forget. We have to go to my parents' home today for winter solstice dinner."

在这个例子中，原文提到了"冬至"这一中国传统节气和节日，在中国有些地区，冬至这一天也是要全家人坐在一起吃饭的。译者翻译时采用了直译法，较为清晰地翻译出了中国这一节日的特点。

（二）意译法

有时候，当直译法无法较好地再现民族的节日文化时，译者可以考虑采用意译法。例如，以下西方节日名称的翻译：

Valentine's Day——情人节

Guy Fawkes Day——烟火节

All Saints' Day——万圣节

Christmas Day——圣诞节

All Souls' Day——万灵节

Ash Wednesday——圣灰节

Easter——复活节

Epiphany——主显节

又如，中国特色节日名称及习俗文化的翻译：

清明节——the Tomb Sweeping Day

守岁——waking up on New Year

压岁钱——money for children as a New Year gift

正月初一——the first day of the first lunar month

拜年——paying a New Year call

门神财神——pictures of the god of doors and wealth

粽子——sticky rice dumplings

（三）直译/意译 + 增译法

有时为了让目的语读者更好地了解中国的节日文化，译者可以在直译或意译节日名称的基础上，使用增译法加以补充说明。例如：

1. 直译 + 增译法

（1）七夕节。例如：

Double Seven Day(Chinese Lover's Day with the story of cowboy and weaving girl.)

（2）元宵节（龙灯节直译）。例如：

the Lantern Festival(The custom of burning lamps on the fifteenth day of the first lunar month is related to the spread of Buddhism to the east. The Lantern Festival mainly includes a series of traditional folk activities, such as watching lanterns, eating tangyuan, guessing lantern riddles and setting off fireworks.)

2. 意译 + 增译法

（1）春节。例如：

Chinese New Year's Day(Primitive beliefs and sacrificial culture are important factors in the formation of New Year's Day. The traditional customs of Chinese New Year's Day including lunar New Year's dinner, keeping the age, New Year's money, temple fairs, flower lanterns and so on.)

（2）中秋节。例如：

the Moon Festival(The Moon Festival originated from the worship of celestial phenomena and evolved from the worship of the moon on the autumn evening in ancient times. During this day, people will take following actions: offering sacrifices to the moon, enjoying the moon, eating moon cakes, playing with lanterns, appreciating osmanthus flowers and drinking osmanthus wine.)

（四）音译法

音译法也是翻译中国传统节日及习俗的一种有效方法。采用音译法进行翻译，有助于保留汉语的发音和节日文化的内涵。例如：

清明节——the Qing Ming Festival

中元节——the Zhong Yuan Festival

第二节　汉英典故文化对比与翻译

典故是对一个民族历史进程和文化内涵的体现，它不仅承载着民族的历史，还凝结着民族的智慧，是一个民族不可缺少的精神财富，是民族的宝藏。对比和翻译汉英典故文化，可以促进不同国家和民族的人们了解其他国家和民族的历史，促进不同文化之间的交流。

一、汉英典故文化对比

（一）汉英典故设喻方式对比

一般典故都有一种特定的寓意和喻指，设喻方式是指该典故采用什么样的喻体来表达一定的寓意。汉英典故在来源方面差别不大，因而其设喻方式大致相同。根据现有资料分析，汉英典故的设喻方式主要有以下四种类型。

1. 地名设喻方式

地名设喻方式是指以故事或事件所涉及的地名作为喻体，用来表达特定寓意的方式。例如，汉语中的东山再起、得陇望蜀、大意失荆州等，其中"得陇望蜀"的典故出自《东观汉记·隗嚣传》，原意是指已经取得陇右，还想攻取西蜀（陇：今甘肃一带；蜀：今四川一带），后用来比喻人不知道满足、总想得到更多。

英语中也有这样的典故，如 meet one's Waterloo（遭遇滑铁卢），滑铁卢本是比利时一个普通的城镇，在这里拿破仑曾带领法国军队与反法联军决战，遭遇失败，后来人们就用这一典故来喻指惨遭失败。

2. 人物设喻方式

人物设喻方式是指将特定事件或故事所涉及的人物作为喻体，用来表达特定寓意的方式。例如，汉语中的孟母三迁、王祥卧冰、姜太公钓鱼、毛遂自荐等，其中孟母三迁原本说的是孟子的母亲在孟子幼年时比较重视周围环境对孟子成长的影响，想为孟子选择良好的成长环境和学习环境，以帮助他成才，因此不惜三次带着他搬家，后来这一典故用来喻指良好的居住和教育环境对儿童成长和成才的重要性。

英语中也有很多以人物设喻的典故，如 a Herakles' task（赫拉克勒斯的任务），这一典故来自古希腊神话，其中赫拉克勒斯是宇宙之神宙斯之子，拥有极大的力气，被称为大力神，所以该典故喻指艰难的、一般人完成不了的任务。又如 Achilles' heel（阿喀琉斯之踵），这一典故同样来自古希腊神话，阿喀琉斯是海洋女神忒提斯和凡间英雄珀琉斯之子，他浑身刀枪不入，只有脚后跟是他的弱点，而他的敌人就利用他的弱点杀死了他。后来人们就用"阿喀琉斯之踵"来喻指某个人或者某件事唯一的弱点。同时，这一典故也依此告诫世人，哪怕一个人再强大，表面看起来再无坚不摧，他也会有弱点存在。

3. 事件设喻方式

事件设喻方式是指将特定的事件或者故事作为喻体，用来表达特定的含义或寓意的方式。汉语中这一方面的典故有负荆请罪、完璧归赵、退避三舍、纸上谈兵、卧薪尝胆、讳疾忌医、指鹿为马等。其中，完璧归赵指的是战国时期，赵王得到了一块十分名贵的宝玉，名叫"和氏璧"，秦王知道后就假意表示自己愿意用秦国的十五座城池换这块宝玉，后来赵王派机智勇敢的蔺相如带着和氏璧出使秦国，蔺相如识破了秦王的计谋，完整地将和氏璧带回了赵国。后来人们用这一典故比喻将原物完好无损地归还本人。

英语中也有很多类似的以事件设喻的典故，如 the last supper（最后的晚餐），这本是基督教中的故事：耶稣在得知自己将被门徒出卖后，依然从容不迫地召集十二个门徒共进最后的晚餐，同时当场宣布这一预言。后来人们就用"最后的晚餐"来比喻遭人出卖。

4.动植物设喻方式

动植物设喻方式是指将特定事件或故事所涉及的动物或者植物作为喻体，用来表达特定寓意的方式。在汉语中，草木皆兵、杀鸡儆猴、兔死狐悲、狐假虎威等都是此类典故。其中，"狐假虎威"是以动物设喻的典型例子，主要讲的狡猾的狐狸凭借老虎的威风，在森林中吓唬其他小动物的故事。这一典故的寓意是仰仗或倚仗别人的权势来欺压、恐吓人。

英语中也有类似的以动物设喻的典故，如 scapegoat（替罪羊）是《圣经》中的故事，原指大祭司亚伦通过抽签的方式选出一只公羊，然后将这只羊放入旷野，借以带走本民族的所有罪过。如今人们用"替罪羊"指本来没有犯错，却代替别人承认错误、承担错误后果的人。

（二）汉英典故文化渊源对比

汉语和英语中很多典故的题材都取自神话传说、历史故事、宗教信仰、风俗习惯等。此外，还有一部分英语典故来自影视作品、体育运动。接下来，我们就分析一下这汉英典故的文化渊源。

1.汉语典故文化渊源

汉语典故比较常见的文化渊源可分为以下四种（图 6-1）。

图 6-1　汉语典故文化渊源

（1）历史故事。中国是一个人口众多、历史悠久的国家，在这片广阔的土地上，曾经历过多次的改朝换代，发生过很多具有历史意义或文化价值的重大事件，而这些历史事件、历史故事便成为汉语典故的来源。例如，闻鸡起舞、四面楚歌、卧薪尝胆等典故是对真实历史事件的概括说明，助纣为虐、罄竹难书、普天同庆等典故则表达了人们对历史事件的看法与评价。

（2）神话传说。神话传说是较为古老的典故来源之一。神话传说是古人所编造的关于神灵和古代英雄的故事，其中有一部分体现出古代劳动人民对一些自然现象的认知，还有一部分代表着人们对美好生活的向往。中华民族不仅拥有悠久的历史文化，还具有丰富多彩的神话传说。汉语中的神话传说大多反映出古代中国人对大自然与社会生活的认识，一般一个典故就是一个故事。例如，女娲补天、夸父逐日、精卫填海、嫦娥奔月、后羿射日等典故都源自汉语中的神话传说。

（3）民间风俗（又称为民间习俗）。民间风俗一般指在社会上经过长期发展形成的，人们约定俗成的礼节、风尚、习俗的总和。民间风俗是民族文化的重要组成部分，也是民族语言不断丰富和发展的源泉，因而很多典故出自民间流传已久的风俗，这部分典故具有贴近人民群众的生活、富有生活气息的特征。汉语中的"各人自扫门前雪，莫管他人瓦上霜"这一典故描述的就是人民群众的日常生活：冬天下雪之后，人们的房顶上、院子里和大门前总会堆满积雪，人们为了自己出行方便，会各自清扫自家房顶、院内或门前的积雪。该典故现在用来喻指干好自己的事情，不要管别人的闲事。

（4）古典文献。还有一部分汉语典故出自中国古代古典文献中的名言名句，这些名言名句一般具有表达形象生动、容易被人理解的特点。例如，出自《三国演义》的三顾茅庐、如鱼得水、望梅止渴、才占八斗、七步成诗等；出自《水浒传》的梁山好汉、拳打镇关西、雪夜上梁山、智取生辰纲、醉打蒋门神等；出自杜甫诗句的"射人先射马，擒贼先擒王"；出自李清照诗句的"生当作人杰，死亦为鬼雄"；等等。

2. 英语典故文化渊源

对比汉语典故的文化渊源，英语典故的文化渊源范围更广、涉及的方面更多，如图 6-2 所示。

图 6-2 英语典故文化渊源

（1）历史事件。英国虽然是一个历史悠久的国家，但只有少数反映本民族故事的历史典故。在英语文化中，有很多典故源自欧洲或美洲其他国家的历史事件，如 fifth column（第五纵队）源自西班牙内战，现用来比喻渗透到敌人内部进行破坏、配合外部组织进攻的间谍或内奸；gold rush（淘金热）用来比喻一段时间内兴起做某事的热潮，这一典故源自美国历史上西部地区曾盛行的淘金活动。

（2）古代经典。英语中很多典故来源于西方古代的经典作品，其中古希腊和古罗马的神话传说占了很大一部分，其次是西方的寓言故事、民间传说故事以及戏剧作品。例如，kill the goose that lays the golden eggs（杀鸡取卵），这一典故源自《伊索寓言》，《伊索寓言》相传是公元前 6 世纪古希腊人伊索的著作。这一典故的原型故事是，从前有个人有一只神奇的母鹅，这只母鹅能生下美丽的金蛋，但这个人以为这只母鹅的肚子里边可能有金块，于是把它给杀了，随后此人发现这只母鹅和别的母鹅没有什么区别。后来人们用这一典故表示为了满足眼前的需要牺牲将来利益的做法。

（3）文学作品。英语中还有很多典故来源于文学作品。例如，人们用 Odyssey 来喻指困难重重、充满艰险的历程。在英语文化中，*Odyssey*（《奥德赛》）是古希腊的两大史诗之一，相传是盲人诗人荷马的著作。《奥德赛》中的主人公奥德修斯是古希腊神话中的英雄，曾在特洛伊战争中以木马计攻下特洛伊城，随后又独自在海上漂流了十年，之后战胜了独眼巨龙、制服了女巫，最后终于回到家与妻子团聚。

（4）体育典故。西方讲英语的国家，尤其是美国对体育运动十分喜爱，有着优良的体育传统和庞大的体育产业。很多美国人热爱健身、运动，人们在日常聊天时也喜欢讨论与体育相关的话题，因此很多体育运动的术语流行于人们的日常生活中。久而久之，橄榄球、棒球、拳击等体育项目中的体育术语就通过意义的转换变成了广泛应用于日常生活领域的语言表达，最终演变为典故。例如，hat trick（帽子戏法）这一典故源自魔术师用帽子变的戏法，后来这一术语被应用于足球、板球和曲棍球领域，指一个板球投手连续三次击中木门或一个足球运动员在同一场比赛中自己踢进了三球。

（5）现当代经典。英国典故还擅长从现当代经典文学、影视作品中取材，如 Snoopy（史努比）、Tarzan（人猿泰山）、Spider-Man（蜘蛛侠）、Superman（超人）、Zorro（佐罗）、Pinocchio（匹诺曹）、Uncle Tom（汤姆叔叔）、black humor（黑色幽默）、Shangri-La（香格里拉）、angry young men（愤怒青年）等。

（6）莎翁戏剧。莎翁是对英国著名诗人、文学家莎士比亚的昵称。由于莎士比亚的作品十分经典，也很受大家欢迎，莎士比亚在文学作品中的一些表达逐渐发展为典故。例如，salad days 喻指天真烂漫、缺乏人生经验的青少年时期。该表达出自莎士比亚编写的罗马悲剧《安东尼与克莉奥佩特拉》，在该剧中，埃及女王声称自己与罗马统帅交往时还是在自己的青少年时期。

二、汉英典故文化翻译

（一）汉语典故的翻译方法

对于汉语典故的翻译，译者一般可以采用以下四种方法。

1. 直译法

直译法是译者进行汉语典故翻译经常使用的一种方法，采用这种方法进行翻译，有利于保留汉语原文中的意象，传播中国传统文化。例如：

原文 1：

不入虎穴，焉得虎子。

译文 1：

How can you catch tiger cubs without entering the tiger's lair?

在这个示例中，原文"不入虎穴，焉得虎子"的寓意是人不亲历险境就不能获得成功。这一寓意虽然与英文表达"no pains, no gains"有相似之处，但如果直接用这句话翻译原文，就会使原文失去文化特色。

2. 直译加注法

直译法不是万能的，译者在对部分汉语典故进行翻译时，只采用直译法可能无法使读者较好地理解原文的含义，此时就可以采用直译加注法进行翻译。具体分析，直译加注法就是在保留原典故特有意象的基础上，对这些意象加以解释和说明。例如：

原文 2：

庆父不死，鲁难未已。战犯不除，国无宁日。这个道理，难道现在还不明白吗？

（毛泽东《南京政府向何处去？》）

译文 2：

"Until Ching Fu is done away with, the crisis in the state of Lu will not be over." Until the war criminals are eliminated, there will be no peace in the country. Isn't this truth clear enough by now?

（北京外文出版社英文版）

"庆父不死，鲁难未已"这一典故出自《左传》。庆父是指春秋时期鲁国的一位公子，这个人是鲁国内乱的制造者，曾先后杀死两个国君，因此当时人们表示"不去庆父，鲁难未已"，意思是不除去庆父这个人，鲁国的灾难就不会停止，人民就不能过上安稳的日子。后人用庆父这一形象来比喻制造内乱的人。由此可见，此处在直译的基础上加上解释性的翻译才更有利于读者理解，因此译者可以在这句话下边进行加注。其具体内容如下：

According to *Zuo Zhuan*, an ancient Chinese historical work dealing with the important events of the spring and autumn era（770—475 BC），Ching Fu, a noble in the state of Lu, repeatedly stirred up internal strife and murdered two reigning princes of that state. The saying in the text was then current among the people of Lu, and Ching Fu's name has since become a byword for those who stir up internal strife.

3. 意译法

（1）改换形象意译法。改换形象意译法是指在翻译汉语典故的过程中，为了使译文读者更加深刻地理解原文的意思，译者改换原文中人物形象等意象，采用意译法进行翻译的方法。例如：

原文 3：

这都是汪太太生出来的事，"解铃还须系铃人"，我明天去找她。

（钱锺书《围城》）

译文 3：

Mrs. Wang is the one who started it all. "Whoever ties the bell around the tiger's neck must untie it." I am going to see her tomorrow.

（珍妮·凯利、茅国权译）

（2）舍弃形象意译法。舍弃形象意译法是指译者完全舍弃原文中人物形象等意象，纯粹采用意译法进行翻译的方法。例如：

原文 4：

贾政也撑不住笑了。因说道："哪怕再念三十本《诗经》，也都是掩耳偷铃，哄人而已。"

（曹雪芹《红楼梦》第九回）

译文 4：

Even Jia Zheng himself could not help smiling. "Even if he studied another thirty volumes, it would just be fooling people." He retorted.

（杨宪益夫妇译）

在这个例子中，译者没有直接翻译"掩耳偷铃"这一汉语典故。"掩耳盗铃"是指古时候有一个人想要偷铃铛，又怕铃铛发出声音从而被人发现，因此他就用手捂住自己的耳朵来偷，认为自己听不见，别人也就听不见了。将这种自欺欺人、把别人当作傻瓜来愚弄的行为意译为 fooling people，简单明了又恰当。

4. 套译法

当汉语中有一些典故在英语文化中能找到与其表现方式和意义相同的表达时，译者就可以使用套译法进行翻译。例如，剧作家曹禺《日出》中的一句话：

原文 5：

只有大胆地破釜沉舟地跟他们拼，还许有翻身的那一天！

译文 5：

All you can do is to burn your boats and fight them in hope that one day you'll come out on top.

（二）英语典故的翻译方法

译者在翻译英语典故时可以采用以下五种方法：直译+增译法、直译联想法、意译改造法、对联增字法、等值互借法。其中，直译+增译法是一种常见的翻译英语典故的方法。采用这种方法进行翻译，不仅可以保持典故原有的形象与风格，还可以让读者了解其潜在的寓意。例如：

原文1：

There is no rose without a thorn.

译文1：

没有不带刺的玫瑰。（喻指世上没有十全十美的幸福）

直译联想法是一种实用的翻译方法。译者采用直译联想法进行翻译的主要原因在于：在汉英两种语言文化中，虽然有一部分典故的比喻意义是基本相同或相似的，但其表达方式却有较大的差异。此时使用直译联想法有助于目的语读者联想到目的语文化中与之类似的典故表达。例如：

原文2：

Bad workmen often blame their tools.

译文2：

拙匠常怪工具差。（联想到"不会撑船怪河弯"）

第三节　汉英称谓文化对比与翻译

称谓是社会风俗文化的重要组成部分，其能反映民族文化中人与人之间的社会关系。称谓主要分为两种，即亲属称谓和社交称谓。接下来，我们就来对比和翻译中国和西方国家的称谓文化。

一、汉英称谓文化对比

（一）汉英亲属称谓文化对比

1. 宗族观念

中国人在儒家思想的影响下对血缘关系比较看重，并且在此基础上形成了强烈的宗族意识。这一点我们可以从汉语亲属称谓语中发现，即使是对同辈亲属的称呼语，也会因为父系和母系的区别而产生差异。例如，称呼父亲的姐妹为大姑、小姑、姑姑，称呼母亲的姐妹为大姨、小姨、姨母。

西方国家的文化并不强调宗族观念，这主要是因为西方国家崇尚自由主义、个人意识，不推崇家族观念。这一点可以从英语亲属称谓语中发现。例如，uncle、aunt 这些词都是比较模糊的表达，很难体现出长幼顺序，由此可见，西方人对长幼有序、宗族观念不太重视。

2. 长幼尊卑

汉语人称称谓中的辈分差异是很明显的，称谓语会随着辈分的变化而发生改变。例如，父、母、子、女、嫂、媳、祖、孙、叔、伯等称谓都体现出辈分的差别。除此之外，在汉语文化中，长辈对晚辈可以直呼其名，但晚辈却不能直接叫长辈的名字，否则会被视为不尊重长辈。

在英语文化中，人称称谓上的长幼尊卑感不是很强，这主要体现在英语的亲属称谓语是比较简单的，一般只有在表示祖孙三代的差异时才与汉语亲属称谓语互相对应。

3. 称谓系统

汉语和英语称谓系统的差异性主要体现在汉语称谓系统的叙述式特征和英语称谓系统的分类式特征。汉语称谓系统采用叙述模式，分类比较详细。这是以汉语文化中特有的"九族五服制"为基础的。这一系统既包含有血缘关系的系统，也包含没有血缘关系的系统，也就是对父系与母系、直系与旁系进行了严格的区分。

与汉语称谓系统相比，英语称谓系统更加简单，主要包括以下五种：

（1）父母辈系统。

（2）兄弟姐妹辈系统。

（3）子女辈系统。

（4）祖父母辈系统。

（5）孙儿孙女辈系统。

4. 尊称方式

从尊称方式角度分析，英语称谓语的尊称意识远远没有汉语称谓语的尊称意识强。这主要是因为在汉语文化中，尊重长辈被认为是一种传统美德，这一点体现在称谓语中，就是人们称呼长辈时会带有敬意，如张叔叔、王阿姨、赵奶奶等。而西方文化更崇尚自由平等，认为不同亲属关系、不同辈分之间相处应该像朋友一样自然随意，基于这种认知，英语中会把称谓语与姓氏连接在一起。例如：

Uncle Smith——史密斯叔叔

Aunt Judy——朱迪婶婶

5. 血亲姻亲

汉英称谓语文化对血亲姻亲关系的反映程度不同，其中汉语称谓语对这种关系的反映较为明显，英语称谓语对这种关系的反映不是特别明显。例如，在构成新家庭之前，夫妻双方都有自己的家庭血缘系统，在二人结为夫妻后又产生了新的血亲姻亲系统，但是两者的差异还是很明显的，如哥哥、弟弟、姐姐、妹妹属于血缘亲属称谓，嫂子、弟妹、姐夫、妹夫属于姻缘亲属称谓。但在英语称谓语中，这种血亲姻亲关系体现得并不明显，这一点可以从 cousin、uncle 这些词语中看出来。

（二）汉英社交称谓文化对比

中国受封建宗法制度的影响，其社交称谓比较复杂，且体现出强烈的等级特征；而西方国家受自由民主制度的影响，其社交称谓相对来说比较简单，等级性也比较弱。

1.汉英关系称谓对比

（1）表示亲密关系。在汉语文化中，人们为了表示对对方的喜爱或者两人关系比较亲密，创造出了一些表示亲密关系的称呼语。例如，对年龄较小的晚辈或者年轻人会以"小"字称呼：称呼幼儿小宝贝、小淘气，称呼再大一些的孩子小毛孩；称呼年轻人会在姓氏前加"小"字，如小张、小王、小李。英语中也有使用昵称表示亲密关系的词语，但是不如汉语中多，如 honey、sweetheart 等。

（2）表示比较亲密的关系。在汉语文化中，表示较为亲密的关系的称呼语包括老师、同学、老板、老乡、朋友等。这些词语在以下两种情况下使用：一是表示称呼者与被称呼者之间的真实关系，如一名学生称呼教导他（她）的人为"老师"；二是称呼者表示对被称呼者的尊重，如学生家长称呼自己孩子的老师为"老师"。在英语文化中，只有三个称呼语是比较重要的，即 father、doctor、boss。事实上，这三个词也不经常使用，尤其是 boss 一词。这反映了英语文化中人们对人与人之间关系的忽视，认为人与人之间是平等的。

2.汉英交际称谓对比

在汉语文化中，用来交际的称呼语可分为两类：一类是在比较正式的场合中使用的，如先生、女士、太太、小姐、同志、师傅，其中同志和师傅是中性的，男女通用。这类称呼语既可以单独使用，也可以放在姓氏、名字、头衔后使用。例如，我们可以称呼一位先生为张先生、纯良先生、张纯良先生或者司机先生。另一类是为了拉近双方的交际距离，使双方的关系变得更加特殊而使用的。这类称呼语借用了亲属关系里的称谓语，可以单独使用，也可以放在姓氏、名字、头衔后使用。例如，在问路时可以称呼一位年长的女士为阿姨，如果是熟识的人，可以在称呼前加上姓氏；在医院，小朋友可以称呼护士为护士姐姐等。

在英语文化中，用来交际的比较正式的称呼语有 Sir、Madam、Mr、Miss、Mrs. 等。这些称呼语的使用也各有特点：Sir，Madam 通常单独使用，来称呼陌生人；Mr.、Mrs. 和 Miss 可以与人的姓氏连在一起使用，如 Mr. John、Miss Smith；Mr. 可以和官衔、军衔连在一起使用。这些称呼语在英语的交际场合使用频繁。例如，与汉语文化中在学校直接称呼老师不同，英语文化中老师被称为 Mr. 或 Miss。

3. 汉英头衔称谓对比

头衔可以分为官方头衔、职称头衔、学术头衔和军衔。汉语文化中大部分官衔都可以被用作称呼语，这是因为在中国受特定的社会背景影响，大部分人对自己的头衔都比较重视。在中国的社会文化中，在称呼人时加上他们的头衔，是为了显示对他们的社会地位的尊重、对不同等级的权力的尊重，如张部长、王教授、李将军等。而在英语文化中，头衔用来充当称谓语的情况比较少见，不是说权力和权威在西方国家不重要，而是一般情况下人们是比较平等的。英语中的官方头衔有总理、大使、参议员、法官、牧师、少校等。

4. 汉英敬语称谓对比

敬语在很多国家和地区都是比较重要的礼貌用语，人们根据对方的年龄、辈分、地位或者与对方的亲疏关系选择适当的敬语称谓称呼对方。很多西方国家在第二人称的使用上有正式和非正式的区别，类似于汉语中的"您"和"你"，如法语中的 vous 和 tu。

（1）汉语文化中的敬称。在中国，对于职位、辈分比自己高的人，人们通常用敬称，如学生对老师用"您"相称，儿童对老人用"您"相称，职员对上级领导用"您"相称。汉语中对别人使用敬称的例子还有：

称呼他人：仁兄、贤弟、贤侄。

称呼他人的亲人：令堂、令尊、令兄、令妹、令爱、令郎。

对他人某些方面的称呼：高见、高论、高足、高寿、高龄、高就。

中国人在对别人使用敬称的同时，还会对自己使用谦称，放低自己的姿态，以表达自己的谦卑，这也体现了中国文化提倡谦虚的价值观。汉语中常见的谦称有：

称呼自己：小人、小弟、小生、小可，老朽、老身、老脸，敝人。

称呼自己的家人：家父、家尊、家母、家兄、家姐、舍弟、舍妹。

称呼自己的住处及与自己相关的事物：寒舍、敝处、敝姓、拙作、拙见。

（2）英语文化中的敬称。对于很多西方人来说，与他人的关系亲密与否是他们考虑是否使用敬称的重要因素。但在称呼特定人员时，人们也会使用一些敬称。例如：

Doctor Li——李医生

Captain Smith——史密斯上校

Professor John——约翰教授

二、汉英称谓文化翻译

根据上述分析、介绍可知，汉语和英语在亲属称谓文化、社交称谓文化中存在很多差异，译者在翻译时首先要了解这些差异，然后选择合适的方法进行翻译。

（一）汉英亲属称谓文化的翻译方法

1. 对等法

汉英语言中的部分亲属称谓语具有相等的语义，因此译者在翻译过程中可以采用对等法进行翻译。例如：

父亲——father

母亲——mother

儿子——son

女儿——daughter

祖父——grandfather

祖母——grandmother

2. 加注法

汉语中有很多独特的亲属称呼语表达方式，如果直接翻译，可能会让人产生误解，此时译者可以在直译的基础上增添一些具体的描述。例如：

外甥女——niece(sister's daughter)

侄女——niece(brother's daughter)

3. 变通法

汉语文化中很多具有中国文化特色的亲属称谓语在英语文化中没有相应的表达，对这些称谓语进行翻译时，译者可根据上下文语境灵活处理，采用变通法来译。例如：

原文 1：

她本想早给小芹<u>找个婆家</u>推出门去。

译文 1：

She has long intended to <u>find a husband</u> for Little Qin and thus get rid of her.

在这个例子中，译者将"找个婆家"翻译为 find a husband 是符合原文语境和原文想要表达的真实含义的。

又如，译者可以根据上下文语境进行补充描述或删减原文的部分描述，以符合不同语言的表达习惯。例如：

原文 2：

I have seven grandmothers and eleven aunts, and I am their only successor.

译文 2：

我有祖母、奶奶、外婆等共七个，姑母、姨母、婶母等共十一个，而我是唯一的继承人。

在上述例句中，英语中的亲属称谓语表述比较模糊，直译的话会让目的语读者产生困惑，因此译者采用了增译法进行翻译。

（二）汉英社交称谓文化的翻译方法

1. 对等法

汉英两种语言中有些社交称谓语能够一一对应，如"姓氏 + 先生 / 太太 / 小姐 / 教授 / 博士"可以译成"Mr. /Mrs. /Miss /Prof. /Dr. + 姓氏"。例如：

Mr. Zhang——张先生

Miss Liu——刘小姐

Mrs. Adela——阿黛拉女士

2. 改写法

由于汉语和英语文化中的社交称谓语存在较大的区别，在有些情况下两者不能完全对应，译者可以使用一定的翻译技巧对原文的社交称谓语进行灵活的改写，使译文的表达更加流畅，也有利于读者理解原文的真实含义。例如：

原文1：

刘东方的妹妹是汪处厚的拜门学生，也不时到<u>师母</u>家来谈谈。

译文1：

Liu Tung-fang's sister, a former student of Wang Chu-hou, also dropped in sometimes to see her, calling her "<u>Teacher's wife</u>".

在这个例子中，汉语文化中"师母"这一表达在英语文化中没有与之相对应的词语，此时可以根据上下文语境推断出"师母"是老师的妻子。因此，译者在翻译时可以直译为 teacher's wife，这样可以准确表达出师母与学生之间的关系。

3. 等效法

如果使用对等法或者改写法都不能准确地翻译出社交称谓语的真实含义，译者可以结合具体的语境，对交际双方的身份、地位、关系进行分析，然后采用等效法来翻译。例如：

原文2：

"What's your name, boy?" The police asked.

译文2：

"你怎么称呼，伙计？"警察问道。

根据句子"The police asked."可知英语句子中的 boy 出自警察之口，并带有一种威严的口气，因而译者将其译成"伙计"比较合适。

第七章　汉英翻译实践中的跨文化翻译

翻译作为一种跨文化交际活动，本身就具有鲜明的文化特征，两种文化背景不同的语言在转换过程中可能会涉及不同社会群体之间在政治、文化、生活、娱乐等方面存在的文化差异。本章将通过实际社会情境下语篇翻译的实践来论述跨文化翻译的策略与应用。

第一节　文学作品中的文化翻译

文学作品作为民族语言的精华和民族文化的体现，其在翻译实践中的跨文化转换策略是文化翻译研究的重要内容。而文学作品中的文化特色词又是具有代表性的文化翻译的内容，因此本节就文学作品中文化特色词的翻译策略展开研究与论述。

一、文化特色词的定义

由于地域、环境和历史发展过程的差异，每个国家和民族都有自己独特的文化。语言是文化的载体，文化的发展变化也会体现在语言上。随着时代的更迭与发展，语言中逐渐积累了一部分反映本民族文化现象和生活方式的词语。由于这些词语反映的文化是本民族特有的，其他民族没有这种文化，这些词语也是该民族特有的，其他民族没有表示对等含义的词语。对于这些词语的命名，如同对文化的定义一般，学术界没有一个统一的观点。较常见的说法有以下四种：文化特色词、文化负载词、文化局限词、国俗词语。

其中，"文化特色词"这一术语来源于翻译学家斯内尔·霍恩比

（Snell Hornby）对词汇的分类。从语言的交际作用角度出发，霍恩比将词汇分为以下五类：

（1）专业术语。

（2）国际通用词汇。

（3）具体事物、基本活动、静态形容词。

（4）与社会文化规范有关的观感词及评价词。

（5）文化特色词。

对于文化特色词的界定，主要有三种观点：第一种观点强调文化特色词的民族性，认为文化特色词是某一民族特有的词语；第二种观点强调文化特色词反映独特社会文化的特点；第三种观点则认为文化特色词兼具上述两种观点的特点。

综上所述，学术界关于文化特色词的概念界定虽众说纷纭，但对于文化特色词的归纳分类主要体现在以下五个方面：

（1）表示本民族特有的事物或现象的词语，在另一种语言中没有相同概念或者意义的词语，如长城、对联。

（2）在独特的历史时期或历史条件下产生的词语，这些词语有着丰富的民族文化内涵，反映了该时期的历史文化特点，如状元、丝绸之路。

（3）在漫长的历史发展过程中，有些词语由于自身某些特点被赋予了文化意义和联想意义，如大锅饭、夜猫子、梅兰竹菊。

（4）熟语、俚语、典故词等，如拔苗助长、马踏飞燕、破釜沉舟。

（5）具有鲜明文化色彩的日常生活用语或寒暄用语，如过奖、彼此彼此、意思一下。

通过以上分类，我们可以看到这些文化特色词之间的区别就是不同的词语分类所涵盖的领域范围不同，表达词语含义的方式也不尽相同。

二、文学作品中的文化特色词

文学作品中的文化特色词种类繁多，其内涵与功能也各不相同。此处我们只分析文学作品中的名词类文化特色词。以中国四大名著之一的《红楼梦》为例，《红楼梦》第一章中的文化特色词可分为两类：一类是专有名词类文化特色词，一类是普通名词类文化特色词。

（一）专有名词类文化特色词

专有名词类文化特色词又分为常规专有名词类文化特色词和负载性专有名词类文化特色词两大类，如图 7-1 所示。

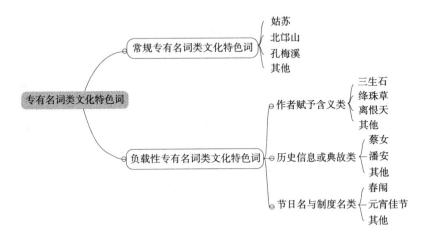

图 7-1　文学作品中专有名词类文化特色词分类

（二）普通名词类文化特色词

普通名词类文化特色词可分为以下四类，如图 7-2 所示。

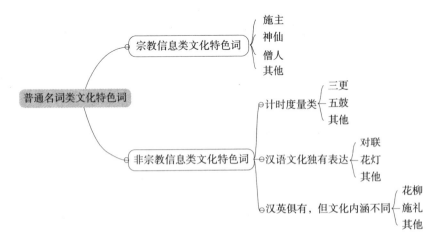

图 7-2　文学作品中普通名词类文化特色词分类

三、文学作品中的文化翻译策略

（一）专有名词类文化特色词的翻译策略

以《红楼梦》为例，在翻译专有名词类文化特色词时主要采取以下六种翻译策略。

1. 音译法

此处的音译法不只是单纯的拼音翻译，而是结合了增译法，添加了一些解释性的说明。这种方法主要用于传统文化中人名和地名的翻译，包括音调地名和典故地名。

（1）直接音译法。例如：

孔梅溪——Old Kong Mei-xi，Kung Mei-his

英莲——Ying-lian，Ying-lien

阊门——Chang-men Gate

（2）音译＋增译法。例如：

甄士隐—— Zhen Shi-yin，Chen Shi yin（homophone for "true facts concealed"）

2. 逐字翻译法

（1）直接逐字翻译。顾名思义，这种翻译方法是一个字一个字地翻译字面意思，翻译的对象一般是作者赋予特殊含义的专有名词，《红楼梦》中很多地名的翻译就是使用的这种方法。例如：

三生石——the Rock of Rebirth，Stone of Three Incarnations

绛珠草——Crimson Pearl Flower，Vermilion Pearl Plant

（2）直接逐字翻译＋增译法。这种翻译方法主要用于翻译带有谐音的地名，实际上属于一种逐字翻译与文外注释相结合的方法。这种翻译方法既有优点，也有不足之处。优点是既能保留原文的字面含义，又能展现原文特殊的艺术表现手法；不足之处则在于翻译成英文过于冗长，不能体现原文的含蓄风格。例如：

青埂峰——Blue Ridge Peak(homophone for roots of love)

3. 删除法

这种方法通常用于含有典故的人名翻译，译者采用这种方法进行翻译的主要目的在于减轻读者的阅读负担，便于读者理解原文。例如：

原文：

再者，亦令世人换新眼目，不比那些胡牵乱扯，忽离忽遇，满纸才人淑女、子建文君、红娘小玉等通共熟套之旧稿。

译文：

And in doing so find not only mental refreshment but even perhaps, if they heed its lesson and abandon their vain and frivolous pursuits, some small arrest in the deterioration of their vital forces.

4. 绝对普遍化

这种翻译方法是将源语文本的特定表达转化为没有源语言文化特征的一般性表达。具体分析，该策略可分为解释性描述、相似词语替换以及泛化（广义语义拓展）。例如：

元宵佳节——the Fifteenth Night（泛化）

大比——Next Triennial，the Metropolitan Examinations（释义）

春闱——Spring Examination，the Spring Test（释义）

5. 相对普遍化

这种翻译方法是在翻译文化特色词时选择目的语读者更加熟悉的一种源语文化表达。例如：

东鲁——the Homeland of Confucious

6. 具体化

这种翻译方法是通过缩小文化特色词的内涵，传递部分源语文化特色的方法，即翻译文化特色词中包含的部分意义。例如：

元宵佳节——Festival of Lanterns

在中国传统文化中，元宵节是一个重要的传统节日。一般在这一天，人们除了赏花灯，还会品尝元宵、猜灯谜、欣赏烟花表演以及参加其他庆祝活动，"花灯"只是该节日包含的一个文化元素，因而 Festival of Lanterns 这一翻译只是表现出一部分源语文化特色。

（二）普通名词类文化特色词的翻译策略

文学作品中普通名词类文化特色词的文化翻译策略与专有名词类文化特色词的文化翻译策略既有相似之处，也有不同之处。由于篇幅有限，此处我们重点介绍普通名词类文化特色词的两种翻译策略，即具体化翻译策略和同化翻译策略。

1. 具体化

具体化翻译策略是指缩小文化特色词的内涵，传递部分源语文化特色的翻译策略。其主要操作是选择源语文化特色词所包含的众多语义中的部分语义进行翻译。例如：

社火——fireworks

在中国传统文化中，元宵节的社火活动内容丰富，包括民间风俗活动中的多种杂戏表演，如舞龙、舞狮、扭秧歌、跑旱船等，fireworks 只翻译出该文化活动中具有代表意义的意象，即社火表演中的烟花表演。

2. 同化

同化翻译策略主要是指译者在翻译文化特色词的过程中用目的语中所具有的文化特色表达来阐述源语文化特色词含义的翻译策略。这种翻译策略的优势在于可以强化目的语读者对源语文化的认知和学习，有利于他们快速阅读该文学作品；缺点是容易消除目的语文化特色。例如，《红楼梦》中译者对汉语宗教词语和特色计量单位的英语翻译：

丈——feet

炸供——frying cakes for an offering

第二节　广告文体中的文化翻译

一、广告与广告翻译概述

伴随着经济全球化的迅速发展，来自世界各国、各地区的企业和商品纷纷出现在国际舞台，中国的企业和产品也不甘落后，逐渐参与到国际竞争中去。而广告是树立企业形象的重要途径，是企业和商品进入国际市场的必要媒介。因此在某种程度上，广告翻译的成功与否将直接影响我国的企业和产品能否更好地走出国门、走向世界，并在国际市场上占据一席之地。

通俗来讲，广告的主要功能是通过向受众介绍相关产品和服务，进而引导其购买广告上的产品和服务。为实现目标读者与其原生社会、文化背景、广告信息价值的功能等价性，译者应根据对产品的了解和两国文化的认知，充分发挥自身的主观能动性和艺术创造性，帮助原文语言实现再生性转换。

二、广告文体翻译的原则与方法

由于广告的主要作用是说服受众购买广告中所宣传的产品或服务，广告文体翻译也应该将这一作用作为自己努力实现的目标，也就是说，广告文体翻译应遵循"说服与购买功能相似"的原则。译文应具有与原文相同的宣传效果，应发挥与原文类似的信息传递和情感传递的功能。由于译文读者与原文读者的社会语言文化背景存在较大差异，译者要想让广告译语实现以上传递功能和宣传效果，就应充分发挥自身的主观能动性和艺术创造性，利用自己高超的翻译技巧进行翻译。译文表达与原文表达不用一一对应，而是可以根据目的语读者所处的社会和文化环境以及目的语行文的需要进行必要的变通和调整。广告文体翻译并不需要字字对等的"忠实翻译"，而是需要更加灵活的对等，因为广告文体翻译的最终目的是引导译文读者像原文读者一样购买广告宣传的产品和服务。下面以英国《泰晤士报》广告词的译语为例来说明广告文体翻译的原则和方法。具体内容如下：

原文：

We take no pride in prejudice.

译文 1：

对于你的偏见，我们没有傲慢。

译文 2：

对于失之偏颇的报道，我们并不引以为豪。

在这个例子中，原版英文广告词巧妙地引用了英国著名文学家简·奥斯汀的《傲慢与偏见》(*Pride and Prejudice*)这一在英国人人皆知的文学名著标题，体现了《泰晤士报》所追求和秉承的公平、公正原则，且表达不失幽默风趣，因而广告效果很好。但由于汉英语言文化差异的存在，原文广告的效果不太容易通过中文译文体现出来。

译文 1 采用了直译法，试图复制原文广告语对《傲慢与偏见》的巧妙引用，因而翻译出了 pride 和 prejudice 这两个关键词。但对于这样的表达，大多数不了解这本书的中国读者都会产生一种莫名其妙的感觉，并不能猜到译文的真实用意。译文 2 虽然勉强传递出《泰晤士报》重视公平、公正的原则，但会让人联想到《泰晤士报》也会报道不真实的新闻，而且对于失之偏颇的报道行为本来就不应该感到骄傲。

事实上，在既不好保留原文的字面意思，又不容易达到广告语宣传目的的情况下，译者可以采取放弃原文，翻译出原文真正含义的方法。比如，译者可以将原文翻译为"正义的力量，舆论的导向"。

这一广告译语既展示了《泰晤士报》重视公平、公正的原则，又体现了该报具有引导舆论的作用。同时，句尾的押韵符合汉语押韵的习惯，读起来朗朗上口，提高了其可信度。

《泰晤士报》的广告词所采用的翻译方法就是广告文体翻译普遍适用的"意译法"。意译法的核心在于忠于原文意义本身，而不是忠于原文的表达方式和字面意思。这种方法有利于增强广告的宣传效果，符合受众的接受语境需求。

广告文体翻译严格来说不是翻译，而是演绎，是一种因为实际需要而故意注入原本没有的意义的一种翻译方法。这一点与文学翻译中需要严格忠于作者的本意，力求信实神似的方法有本质上的区别。

大约在 2010 年之前，中国香港地区的广告公司还专门设有翻译的职位。但是现在，这个职位已经消失不见了，从事这项工作的人不愿将自己的工作简单地称为 translation（翻译），而更愿意称之为 creative interpretation（创造性演绎）。广告业从业人员正在尝试用新的方式帮助国际广告融入香港市场。他们所做的是更适应本土需要的改写，这是一种选择最佳作品进行重写的策略，或者也可以称之为翻译的演绎版。所以，广告文本翻译的最终目的是"达"，这个"达"是直达读者的心中所想，是说服读者购买广告宣传的产品或服务。

三、广告文体中的文化翻译策略

此处将介绍中国广告的英语翻译实例，并从语言特点、情感传递和文化适宜性三个角度探讨广告文本翻译的最佳策略。

（一）突出直观明快

将中国广告翻译成英文的艺术变通首先体现在语言的选择和运用上。从汉语和英语的特点分析，汉语表达往往注重突出物象，喜欢托物寄情、借景抒情，所以汉语广告文本喜欢使用华丽的辞藻和具有中国文化内涵的成语，而英语广告文本更注重写实，喜欢用理性的事实陈述打动读者。英语广告强调用词简洁、自然，叙述直观、明快，在句式的选择上喜欢使用简短的祈使句、省略句，而不常用结构复杂的长句。根据以上特点，译者在翻译中国广告时，需要根据英语中广告的表达习惯来重新组织语言，删除一些翻译出来冗长烦琐的表达，体现出英语广告直观、简洁、理性的特点。例如：

原文：

西湖在杭州市区西部，面积约 6.03 平方千米……沿湖四周，花木繁茂；群山之中，泉溪竞流；亭台楼阁，交相辉映；湖光山色，千古风情，令多少人流连忘返。"上有天堂，下有苏杭"的赞语真是恰如其分。

译文：

Situated to the west of Hangzhou, the West Lake area covers 6.03 square kilometres...The causeways, bridges, pavilions, springs, trees and flowers in and around the West Lake make it a paradise on earth, where one cannot tear himself away.

在这段旅游广告的中文版描述中，汉语表达的优美连贯可以让读者联想到西湖的绝美风光。如果采取逐字翻译的策略，翻译出来的英语广告文本就会显得冗长拖沓。因此，译者选择了灵活变通的翻译方法，将原文的四字成语、词语连用简要翻译为一个主语从句带着一个定语从句，令目的语读者读起来一气呵成，又能快速地了解原文的含义。

（二）突出情感传递

为了更好地实现广告的说服功能，广告语应在很短的时间内抓住消费者的注意力，激发他们的兴趣和情感，并打动他们的内心，进而促使他们采取购买行动。因此，成功的广告语不仅要体现其信息价值，还要抓住消费者的心理，具有移情功能，通过情感的激发，引导消费者在看过广告之后产生购买的欲望。这是广告需要具有的情感激发和情感传递功能，也就是说，要使没有情感特征的商品充满情感色彩。例如，喜来登饭店的一则广告：

原文 1 ：

One of the greatest pleasures in life is simply to be treated as an individual. To speak and be heard. To ask and be helped. That's why we created Sheraton Towers. To offer you what you want, when you want it.

译文 1 ：

生活中的最大快乐莫过于受到尊重。说话有人听，需求有人照料。我们创建喜来登大饭店的目的正是如此，在您需要的时候，为您提供服务。

这则广告语中的 "To offer you what you want, when you want it." 很好地体现了该饭店一心为顾客着想、为顾客提供贴心服务的开店宗旨，使顾客看后会产生一种情感上的共鸣和心灵上的慰藉。

又如，安联集团的一则广告语：

原文 2 ：

Wherever you are. Whatever you do. The Allianz Group is always on your side.

译文 2 ：

无论你在哪儿，无论你做什么，安联集团永远站在你身边。

这则广告语体现了该集团的服务理念，让消费者有一种被信赖、被支持的情感体验，因而在无形中成功拉近了与消费者之间的距离。

由此可见，与其他文本翻译相比，广告翻译更需要强调情感的激发和传递，然而，有些中文广告的英语翻译在这一方面处理得并不到位。例如：

原文 3：

"咪咪脆棒"，适用于居家旅游食用。

译文 3（1）：

"Kitty Crisp Bar" is suitable to eat both at home or out for traveling.

原文 4：

我部以良好的信誉、雄厚的资金实力和一流的服务质量，竭诚为广大客户提供全面的优质服务。

译文 4（1）：

The department is ready to provide the customers with all-around perfect service on the basis of good credit, financial strength and quality service.

原文 3 和原文 4 这两则广告的英语翻译都没有把消费者的感受放在第一位，没有考虑消费者的心理需求和情感需求，因而显得缺乏亲切感和交流感。原文 4 中的 provide the customers 这一表达更是体现出一种生硬的、高高在上的态度，可能会引起消费者的不悦甚至反感。以下对原文 3 和原文 4 的翻译在情感传递方面的效果会好一些：

译文 3（2）：

"Kitty Crisp Bar" is a lovely partner both in your family life and on your trip.

译文 4（2）：

Our department offers you all around services with good credit, financial strength and best quality.

以上对译文 3 的改译采用了拟人的修辞手法，将广告中宣传的商品人格化，赋予了商品感情和生命，给消费者一种亲切感和人情味，有利于打动消费者购买该商品。

事实上，译者如果能改变对"忠实"原则的过度坚持，充分发挥自己的艺术表现力和想象力，中国广告的英文翻译在情感传递方面也可以做得很出色。例如：

原文 5：

爱你一辈子（某护肤品广告）。

译文 5：

Love me tender, love me true.

仔细研究以上译文不难看出，该译文没有使用直译法翻译原广告语，而是根据商品具体的特点和消费者心理，进行了巧妙处理。原文 5 中的广告语"爱你一辈子"的含义是号召女性消费者时刻关爱自己，注意保养自己，而英语文化中的歌词"Love me tender, love me true."具有相似的含义，给消费者一种被关爱、被重视的情感体验，有利于激发她们的购买欲望，实现广告的作用。

（三）注意入乡随俗

如何处理好广告中涉及的中西方文化的巨大差异，是每一个广告翻译工作者需要认真思考的问题。语言是文化的一部分，也是文化的载体。而广告文本作为语言的组成部分，会折射出语言背后的文化。因此，对广告背后文化内涵的理解和采用"入乡随俗"的翻译方式是广告翻译活动不可缺少的一部分。例如，日本三菱汽车在美国市场和中国市场的广告语：

美国市场：

Not all cars are created equal.

中国市场：

昔有千里马，今有三菱车。

其中，三菱汽车在美国市场的广告语套用了美国人人皆知的《独立宣言》中的名句"All men are created equal."使美国消费者读起来倍感亲切，并且突出了该产品的与众不同，引起了消费者的兴趣：这辆车在哪些方面与众不同呢？而在中国传统文化中，千里马是古代少有的顶级交通工具，三菱汽车敢用"千里马"这一文化物象作对比，成功地展现了该品牌的自信与优秀，符合中国人的文化传统和审美心理。

在中国广告的英语译文中，有一部分只是翻译了原文的字面意思，而没有考虑文化因素对目的语读者的影响。例如：

原文：

何以解忧，唯有杜康（杜康酒业）。

译文：

Nothing but "Dukang" liquid to militate sorrows.

在这个例子中，汉语版的广告语"何以解忧，唯有杜康"引用了中国古代著名军事家、文学家曹操的诗句，具有中国语言文化特色，容易被中国消费者理解和接受。如果将这句诗逐字翻译出来，没有中国文化背景的目的语读者就很难理解其中的文化内涵，为什么只有这一"液体"才可以减轻悲伤？这再次证明了，成功的广告语翻译不仅要注意传递原文的真实含义，注意表达形式上的优美，还要考虑到文化差异给消费者带来的阅读体验。

第三节　影视字幕中的文化翻译

随着全球文化的多元化发展和互联网信息技术的日益发达，大量来自世界各国的影视作品相继进入中国市场，与此同时，中国的一些优秀影视作品也流传到国外市场，受到了外国友人的欢迎。想要看懂一部影视作品，其字幕无疑是非常重要的，对于不懂外语却爱看外国影视作品的人来说更是如此。基于这种现象，影视作品的字幕翻译就成为观看者了解影视作品的重要渠道。而通常情况下，影视作品会反映一个国家或民族的历史、文化和传统价值观，因此，字幕翻译的过程会涉及大量的文化因素。本节将从文化的角度研究字幕翻译的策略。

一、字幕翻译概述

（一）字幕翻译的起源和定义

1.字幕翻译的起源

早在19世纪20年代末期，字幕翻译就开始在美国有声电影中流行。

因为当时美国有声电影需要在欧洲市场放映，而当时的欧洲地区语言种类比较丰富，所以需要将美国电影翻译为多种语言。从文本类型的角度看，字幕翻译属于视听翻译的一种。视听翻译包括的内容非常广泛，主要包括以下内容（图7-3）。

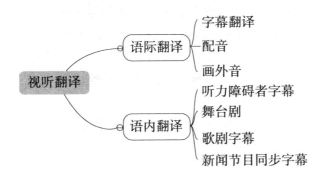

图7-3　视听翻译的分类

2. 字幕翻译的定义

在视听翻译中，字幕翻译属于一种特殊的语言转换，其主要流程是将视听产品原来的口语或书面语转变为目的语，并将目的语的书面语添加到原产品图像上的翻译。

（二）字幕翻译的特点

从外在的表现形式上说，字幕翻译有以下三大特点：

（1）字幕翻译关系到两种语言的转化，需要在影视屏幕上把源语口语转化为目的语，即把原生口语浓缩成书面语。

（2）为了使目的语观众理解并更好地欣赏源语影片，字幕翻译内容是添加在影片画面之上的，这样一来，观众在观看影片时就可以将字幕内容与影片呈现的画面信息结合起来。

（3）字幕翻译通常设置在影片画面的下方，且翻译内容与屏幕中呈现的图像同步。

从内在的影视语言特点角度分析，字幕翻译具有以下四大特点：

（1）综合性。字幕翻译的综合性指的是观众同时接收字幕信息和影视图像、声音等信息，这在很大程度上填补了字幕本身无法呈现或呈现不足的缺陷。

（2）瞬时性。字幕翻译的瞬时性是指字幕在影视屏幕上停留的时间是比较短暂的。字幕翻译的这一特点要求译者把控好每一行的译文字数。考虑到观看者的观看速度和观影体验，一般屏幕上的字幕一次只会显示一行。对此，中国中央电视台 CCTV-6 电影频道的规定是，每行汉语字数控制在 14 个字以内，停留时间设置在 1～3 秒；而对于英文字幕，每行英文字母数控制在 36 个字母以内，即 1 秒钟只展示 12 个英文字母，每行展示 3 秒。

（3）通俗性。字幕翻译的通俗性是指影视字幕语言应通俗易懂，不能过于书面化。这是因为字幕翻译大多是对白性质的，是口语化的。除此之外，影视作品的受众面较为广泛，用词简洁明了有助于观众理解影片内容。

（4）无注性。字幕翻译的无注性是指受影视屏幕空间和影视语言表达同步性特点的限制，字幕翻译几乎不能添加注释。这也是字幕翻译区别于其他类型翻译的一个重要特点。影视作品中允许在对白之外写一些文字性的说明，如在片头介绍故事发生的背景，在片中展示人名、地名、年份等简要信息，或在片尾介绍故事的结局，但这都来自原影片提供的信息，译者不会另加字幕或者旁白解释。

二、字幕翻译的一般策略

受时间和空间的限制，字幕翻译需要遵循浓缩、直观、简要的原则，在这三项原则的指导下，字幕翻译采用的一般策略就是缩减翻译策略。缩减翻译策略是指将原文字幕的内容进行压缩，集中翻译其语言内涵的策略，压缩程度根据该帧画面停留的时间确定。例如，在中国电视剧《康熙王朝》中，佟妃去向皇太后请安并表达自己对儿子的思念之情，皇太后用自己的切身经历安慰她身处皇家，与民间寻常家庭的母亲自是不同，不能经常享受与孩子相处的天伦之乐。具体示例如下：

原文：

可是我呢，我生顺治的时候，还没有到三个时辰就被奶娘抱走了。

译文：

But when I gave birth to Shunzhi, I only had him for a few hours.

在这个例子中，如果将"还没有到三个时辰就被奶娘抱走了"这一部分直译成"it was less than six hours before the wet nurse carried him away"，不仅超出了影视字幕对字数的限制，还不能突出这句话的中心含义，即皇太后和儿子相处的时间更少。

具体分析影视字幕的缩译策略可以发现，其又可分为以下三种。

（一）用更精练的方式表达

原文：

这件事跟我们公司没有任何关系。

译文1：

This matter has nothing to do with our company.

译文2：

We aren't responsible.

根据原文"这件事跟我们公司没有任何关系"，可以发现第一个译文采用的是直译法，第二个译文则是根据原文表达推断出讲话者想要表达的真实含义。

（二）进行句式重组

句式重组，顾名思义，是通过两种语言间句式的转换达到翻译效果的方法。归根结底，其是为了更好地传达原文的意义，使译文更符合原文的表达习惯。具体分析，汉语表达讲究意合，句式结构比较复杂；英语表达讲究形合，强调展现语言之间的逻辑关系。通过使用句式重组的策略，译者在翻译原文时就能实现由复杂到简洁、由隐晦到直接的转变。例如：

原文1：

学校是你家开的，你想回去就回去？

译文1（1）：

Is the school runs by you and you can go back to it whenever you want to?

译文1（2）：

The school isn't run by you or for you.

很明显，第二个译文翻译改变了原文的句式，使译文表达更加简洁。

原文 2 :

俗话说，远亲不如近邻。

译文 2 :

As the saying goes, "Close neighbors are better that distant relatives."

"远亲不如近邻"是汉语中一个典型的俗语，这个俗语的意思是当某人遇到紧急情况需要帮助时，远道的亲戚可能还不如近处的邻居能及时地给予帮助。该俗语的重点在于"近邻"二字。译者将其作为主语表达，符合英语句式中"重点信息作主语"的表达习惯，也能更好地传递讲话人的用意。

（三）删除重复信息

这一方法主要是针对中文表达的重复特点而言的，因为汉语在表达过程中喜欢用排比、多次强调的表达方式表达说话人的思想情感，而这一点在字幕译文中是没有必要全都翻译出来的，所以译者应适当对重复表达部分或不重要的信息进行删减。例如：

原文：

还夜夜必宿，还夜夜必宿承乾官。

译文 1 :

And he insists on spending... spending every night in the Chengqian Palace.

译文 2 :

And spending every night in her quarters.

总而言之，字幕翻译作为影视作品台词语言的转换，应充分考虑台词本身的逻辑是否顺畅、断句是否合理。为了帮助观众充分感受影视作品的艺术风格和艺术理想，译者要尽量根据演员的语气停顿和人物性格选词造句。除此之外，影视屏幕的空间限制还要求译者考虑每一帧画面上字幕的完整性和紧凑性，保证字幕的断句与演员的台词同步。这项工作需要译者反复观看、暂停影片，因此译者需要具有一定的耐心。

三、影视字幕中的文化翻译策略

电影和电视剧是一个国家或者民族社会文化的集中反映，对其内容的翻译不仅是两种语言的转换，还是两种文化的交流与碰撞。这一点突出体现在字幕翻译的过程中。由于影视字幕包含很多有特色的文化内容，所以译者在翻译过程中要特别注意对这些文化内容的处理，以便于观众理解和欣赏影视作品。学者李运兴认为，译者在翻译字幕中的文化信息时，应多采用直入式翻译方法，尽量少用甚至不用归化策略，因为字幕翻译中一般不存在绝对的"文化阻断"，观众还可以通过画面信息以及其他听觉信息理解影视剧的内容。[①] 接下来，我们将继续分析在翻译影视字幕的过程中如何更好地处理各类文化信息。

（一）对于称呼语的翻译

作为能充分展现人物形象、个性等重要特征的称呼语，不仅承载着其特有的文化内涵，还能折射出两种语言的文化差异。通常情况下，如果直接翻译称呼语，不能使观众在很短的时间内理解其意思，因此译者应明示其称呼的具体对象，适当省略称呼语中其他文化元素的翻译。例如：

原文：

刚才听见火车叫，快中午了吧，太太回来了吗？

译文：

I heard the train whistle. It's almost noon. Is my wife back?

这是影视剧中一名少爷询问仆人的话，因为他们之前刚好在谈论已过世的老爷和老太太，所以此处的"太太"专门指少爷的妻子。如果采用直译法直接翻译为 the young mistress，可能会使外国观众一时搞不清楚他们之间的关系，而翻译成 my wife，意思简洁明了，且字数也更少。

（二）对于文化特色词的翻译

文化特色词是民族语言中具有深厚文化内涵的独特表达。在翻译这

---

① 李运兴. 字幕翻译的策略 [J]. 中国翻译，2011（4）：38-40.

类词语时，译者要基于生活化的文化语境，以客观的态度考虑外国观众的文化理解能力和文化接受能力，尽量保持原文的文化色彩，并让字幕译文自然流畅。具体分析，译者可以采用释译法、借译法等翻译方法进行翻译。例如：

原文：

等改完了剧本，你再唱你的西厢记或唱你的陈世美。

译文：

After finishing the script you can play out your "Casablanca" thing.

这句话是制片人对背叛妻子、搞婚外恋的男主人公说的。《西厢记》是中国传统爱情故事，陈世美是中国文化中抛妻弃子、另寻富贵的典型人物，这两个文化特色词对于中国的观众来说没有理解上的问题，但对于外国观众来说是比较陌生的。为了使观众更好地理解这句话，译者选择使用西方类似故事题材的 Casablanca 来代替原文表达，达到了翻译的目的。

（三）对于文化特色比喻或隐喻表达的翻译

在影视作品中，很多语言的表达是生动的，是有艺术性的。影视作品的编剧和导演会经常使用文化特色比喻或隐喻塑造人物形象、传递人物情感。在翻译这些比喻或隐喻表达时，我们可以采取两种翻译策略：一是保留原始表达，传播源语文化；二是借用目的语文化中的类似表达进行翻译，以便于外国观众迅速理解影视剧的剧情。例如：

原文：

我看你这几天就不对劲，你吃错药了？

译文：

You've been acting weird lately. What's the matter?

在上述例子中，"吃错药"是具有中国文化特色的俗语，通常用来形容一个人表现异常，此处采用疑问句的句式，表示质问含义。如果直接翻译为"Did you take the wrong medicine?"，难免会让外国观众产生误解，以为该人物真的误服了药物，因此译者采用了意译的方法，准确传递了原文的意思。

参考文献

[1] 杨德爱.语言与文化 [M].昆明：云南大学出版社，2020.

[2] 罗常培.语言与文化 [M].北京：中国书籍出版社，2020.

[3] 杨滨.语言与文化论丛 [M].北京：语文出版社，2018.

[4] 王爱军.文化与翻译鉴赏与实践 [M].武汉：武汉理工大学出版社，2021.

[5] 刘继华，赵海萍，张文涛，等.高级文化翻译 [M].上海：上海交通大学
     出版社，2014.

[6] 朱红英，吴唯.英汉社会话语中的概念隐喻及其跨文化翻译研究 [M].杭
     州：浙江工商大学出版社，2019.

[7] 李建军.文化翻译论 [M].上海：复旦大学出版社，2010.

[8] 张永喜.从文学翻译到文化翻译：王佐良翻译思想与实践研究 [M].南京：
     江苏人民出版社，2014.

[9] 邵志洪.汉英对比翻译导论 [M].上海：华东理工大学出版社，2013.

[10] 刘宓庆.汉英对比研究与翻译 [M].南昌：江西教育出版社，1991.

[11] 郭富强.意合形合的汉英对比研究 [M].青岛：中国海洋大学出版社，
     2007.

[12] 郭纯洁.汉英句法与语义界面的认知对比研究 [M].武汉：湖北人民出版
     社，2017.

[13] 徐令缘.跨文化翻译学：语言与文化的互动关系 [J].河北广播电视大学
     学报，2019，24（3）：62-65.

[14] 贺爱军，贺海琴.刘宓庆的整体性文化翻译观探究 [J].宁波大学学报（人
     文科学版），2019，32（5）：65-71.

[15] 杨仕章.文化翻译策略：概念析出与分类探究 [J].外语教学，2019，40（5）：66-71.

[16] 王茜，刘彬.基于归化和异化策略下的跨文化翻译研究——以《活着》英译本为例 [J].皖西学院学报，2020，36（6）：112-118.

[17] 方菁，郭继荣.全球化时代的跨文化翻译：时代意义与实践难点 [J].人民论坛：学术前沿，2020（23）：112-115.

[18] 蒋诗颖.生态翻译学视角下的中国传统文化翻译研究 [J].黑龙江教师发展学院学报，2021，40（10）：120-122.

[19] 杨仕章.文本三维结构视阈下文化翻译功能研究 [J].外国语，2021，44（5）：92-101.

[20] 钟智翔.中国故事与中国声音的跨文化翻译与传播 [J].天津外国语大学学报，2021，28（6）：25-29.

[21] 杨仕章.文化翻译学元理论探析 [J].外语学刊，2017（2）：79-84.

[22] 曹进，杨明托.跨文化翻译维护国家文化安全的策略研究 [J].国际安全研究，2020，38（6）：63-85，154，155.

[23] 谭华，熊兵.文化翻译中归化与异化之哲学理据 [J].外国语文研究，2016，2（6）：82-92.

[24] 戴欣欣，常荣.谈英汉语言中动物文化的异同 [J].海外英语，2010（7X）：225-226，228.

[25] 陈锦阳，钟志华.基于语言文化比较的汉语长句英译 [J].科教导刊，2010（17）：149-150.

[26] 肖丽.基于跨文化交际视角的中美文化对比分析 [J].外语学刊，2016（6）：171-174.

[27] 谢丽萍，贺鹏.英汉语言文化差异在翻译中的运用 [J].四川理工学院学报（社会科学版），2007（2）：95-98.

[28] 钱莉.从语用学角度看汉英语言中龙文化的差异 [J].安康学院学报，2007（3）：35-37.

[29] 蔡静.汉英语言之历史文化对比 [J].科技信息，2007（29）：95，173.

[30] 朱玉敏，牛中娟. 从思维方式的差异看汉英语言的不同 [J]. 双语学习，2007（11）：168-169.

[31] 王家义. 英汉对比与翻译研究述评 [J]. 云南农业大学学报（社会科学版），2007（2）：65-68.

[32] 徐珺. 汉英语篇意合与形合的文化阐释 [J]. 外语与外语教学，2006（12）：26-29.

[33] 潘洞庭. 汉英称谓语言对比 [J]. 邵阳学院学报（社会科学版），2006（3）：101-103.

[34] 林竹梅. 二语习得中汉英长句翻译之跨文化对比研究 [J]. 长春理工大学学报（社会科学版），2013，26（4）：132-133.

[35] 刘道伍. 汉英文化对比与语言交际能力的培养 [J]. 池州师专学报，2001（2）：44-46.

[36] 段自力. 翻译技巧教学与语言文化对比 [J]. 重庆工商大学学报（社会科学版），2003（1）：145-147.

[37] 王彩霞. 英汉礼貌语言文化对比研究 [J]. 首都师范大学学报（社会科学版），2008（S2）：111-114.

[38] 张碧. 汉英习语的跨文化对比 [J]. 天津市经理学院学报，2009（3）：59-60.

[39] 庞艳宏. 汉英基本色彩词的文化内涵对比浅析 [J]. 科技视界，2019（32）：148-149.

[40] 宋启军，龙翔. 汉英非言语交际的文化对比及语用失误说略 [J]. 襄樊学院学报，2012，33（6）：75-78.

[41] 林燕. 从思维模式破析汉英语言差异 [J]. 江西师范大学学报（哲学社会科学版），2004（4）：109-111.

[42] 曹广涛. 从汉英被动句看中英文化的异同 [J]. 韶关学院学报（社会科学版），2002（11）：85-88.

[43] 张鑫彤. 颜色词在中西文化对比下的翻译 [J]. 现代交际，2011（6）：64.

[44] 戚燕丽. 基于《现代英汉隐喻探究与跨文化翻译策略》分析跨文化视角下英汉隐喻翻译中的文化认知差异 [J]. 新闻与写作，2021（3）：114.

[45] 赵荣斌.隐喻视角下的跨文化翻译策略研究 [J].开封教育学院学报，2019，39（12）：65-67.

[46] 江雯.中国电影传统文化翻译策略研究——以《唐人街探案2》为例 [J].出版广角，2018（16）：55-57.

[47] 常晖.英汉成语跨文化翻译策略 [J].河北理工大学学报（社会科学版），2009（1）：125-129.

[48] 项利.英语习语的跨文化翻译策略 [J].新乡学院学报（社会科学版），2009，23（6）：149-151.

[49] 么文浩.社会语言学下的跨文化翻译策略的建模探究 [J].太原大学学报，2013，14（1）：78-81.

[50] 林晓琴.趋同形势下的跨文化翻译策略研究 [J].福建农林大学学报（哲学社会科学版），2008（1）：105-109.